Zora Gienger

Lichtenergie und Heilgebete für ein neues WIR-Bewusstsein

Smaragd Verlag

Die in diesem Buch enthaltenen Informationen sollen der Aufklärung dienen und ersetzen keine medizinische Diagnose, ärztliche Verordnung oder Behandlung. Sie ersetzen auch nicht den Besuch bei einem Arzt oder Heilpraktiker. Der Inhalt ist allenfalls als Begleitung und Ergänzung zu einem vernünftigen und verantwortungsvollen Gesundheitsprogramm gedacht. Autor und Verlag können für unsachgemäßen Gebrauch keine Haftung übernehmen.

Bitte fordern Sie unser kostenloses Verlagsverzeichnis an:

Smaragd Verlag e.K.
Brückenstraße 25
D-56269 Dierdorf
Tel.: 02689-92259-10
Fax: 02689-92259-20
E-Mail: info@smaragd-verlag.de
www.smaragd-verlag.de

Oder besuchen Sie uns im Internet unter der obigen Adresse und melden Sie sich für unseren Newsletter an.

Erste Auflage: Januar 2021

Umschlaggestaltung: preData
Satz: Gaby Heuchemer
Printed: CPI Books GmbH, Leck
ISBN 978-3-95531-200-8

Inhalt

Einleitende Worte

Liebe Leserin, lieber Leser,

der Titel dieses Buches ist ziemlich provokant. Ein neues Bewusstsein? Das eigene verändern? Und dann gleich die ganze Welt ändern? Ist das überhaupt möglich?

Ich behaupte: JA! Und ich werde dir zeigen, wie es geht. Denn das Geheimnis der Veränderung liegt in jedem von uns. Ändern wir uns, ändert sich auch die Welt.

Verändert sich dein Bewusstsein vom bequemen ICH-Bewusstsein hin zu einem WIR-Bewusstsein, dann wirst du wahre Wunder erleben. Und das Tolle dabei ist, dass diese Art der Veränderung wirklich Freude bereitet. Sie schenkt dir einen frischen Wind, der dich aus sämtlicher Lethargie und Langeweile herausholt und dir ganz neue, sensationelle Perspektiven offenbart, mit denen du nicht gerechnet hast.

Ich habe es selbst erlebt. Deshalb kann ich dir mein Wissen und meine persönlichen Erfahrungen von ganzem Herzen weitergeben.

Ein Bewusstseinssprung vom ICH zum WIR macht Spaß! Und gibt deinem Leben einen neuen Sinn.

Dieses Buch liegt mir besonders am Herzen, und deshalb bist du ganz herzlich eingeladen, meine Botschaft an dich mit offenem Herzen, offenen Sinnen und einem warmen und weichen Gefühl von Liebe von mir zu dir aufzunehmen.

Da du dich von diesem Buch angesprochen fühlst, ist es auch für dich an der Zeit, den nächsten Bewusstseinssprung zu wagen. Die Welt und das gesamte Universum benötigen dein wachsendes, erwachendes Bewusstsein, um ein neues Miteinander und eine neue Schöpferebene zu betreten.

Es ist Zeit, das Bewusstsein zu verändern – und die Welt zu verändern! Und es ist unser aller Aufgabe, es zu tun!

Wir brauchen ein Neues Bewusstsein, um etwas verändern zu können, was unserem Planeten hilft, zu überleben, und dem Universum zu zeigen, dass wir ein Teil von ihm sind, ohne zerstörerische Intentionen, sondern mit Mitgefühl und dem Gefühl des Miteinanders und der Zusammengehörigkeit.

Wenn wir die alten Gleise, auf denen wir seit Jahrtausenden fahren, nicht endlich verlassen, tun wir uns, unserem Planeten und dem Universum nicht gut. Wir wirken zerstörerisch auf unser Zuhause und hinterlassen chaotische Verhältnisse auf der Erde. Und es ist höchste Zeit, ganz klar zu sehen, wie das Leben auf der Erde funktioniert und unsere Realität neu zu gestalten. Dies geht aber nur, wenn wir bisherige Wege und Denkweisen verlassen.

Das heißt: Verlassen sollten wir nicht nur ein übertriebenes ICH-Bewusstsein, sondern auch den Denkfehler, alle Verantwortung abzugeben an andere, die vermeintlich kompetenter sind als wir selbst. Es ist ja ach soo bequem, auf die Mächtigen, Reichen und Schönen zu schimpfen und sich selbst als hilflos zu degradieren.

Jeder einzelne Mensch jedoch ist aufgerufen, ein Neues Bewusstsein anzunehmen und die Welt mitzugestalten. Gerade die eigene Kompetenz anzuerkennen und die eigene Größe zu sehen gehört mit zu einem Neuen Bewusstsein. Kein Mensch hängt in der Opferrolle fest. Und niemand ist zu hilflos, zu nichtig, zu ohnmächtig, um Verantwortung für diese Welt und dieses Universum zu übernehmen.

- Du, ja, du! selbst, bist die treibende Kraft, die etwas bewirken kann.
- Du, ja, du! selbst, bist das großartige Licht, das hier Veränderungen bewirken kann, und das nicht nur in deinem eigenen Leben, sondern im gesamten Universum.
- Du, ja du! selbst, bist das Gebet, das diese Welt braucht.
- Du, ja du! selbst, hast alles in dir, was benötigt wird, ein Neues Bewusstsein zu erschaffen und zum Einsatz zu bringen.
- Du, ja du! selbst, bist alles, was Transformation, Erlösung und Heilung im gesamten Universum bewirkt.

Es mag für dich utopisch klingen, aber du und jeder Einzelne von uns Menschen kreiert seine Realität mit seinem eigenen Bewusstsein.

Also lass uns gemeinsam, Hand in Hand und Herz an Herz, ein Neues Bewusstsein kreieren.

Es ist an der Zeit, es zu tun. Und es ist an der Zeit zu erfahren, wie es ganz leicht bewerkstelligt werden kann. Ein Neues Bewusstsein ist nämlich kein Geheimnis, das nur Eingeweihten vorbehalten ist. Es ist allen zugänglich. Und es fügt sich ganz mühelos ins Dasein ein – mit ein paar simplen Übungen, die du hier erfahren wirst.

Jeder, der sich jetzt berufen fühlt, und ich hoffe, dass dieses sehr viele sein werden, trägt alles in sich, um ein Neues Bewusstsein in sich wachsen zu lassen.

Ein Neues Bewusstsein ist nicht nur reine Theorie. Es ist ein Akt der Entwicklung und Seelenreife, um zu erkennen, dass die eigene Vorstellung einer neu gestalteten Welt kein Traum ist, sondern Realität werden kann.

Jeder Mensch erschafft mit seinem Bewusstsein seine eigene Realität und gibt seinen inneren Bildern und Vorstellungen dieser Vision eine Bedeutung. Ein Neues Bewusstsein zu erschaffen heißt, eine neue Vision zu kreieren, die von der Individualität des Einzelnen in eine Gemeinschaftsvision übergeht und einem übergeordneten Sinn folgt.

Jeder von uns ist dazu fähig.

Jeder von uns kann aus dem ICH-Bewusstsein heraustreten und ein WIR-Bewusstsein kreieren, das einem höheren Sinn folgt und die vorherrschende Realität jedes Einzelnen so verändert, dass Heilung im ganzen Universum geschieht.

Ich lade dich, ja, dich!, ganz persönlich dazu ein, deine eigene Realität zu erweitern, den höheren Sinn wahrzunehmen und ihm zu folgen. Zum Wohl aller.

Das Werkzeug dazu ist die Liebe, aber auch die Erkenntnis, dass es nötig ist, diesen Quantensprung jetzt zu wagen.

Keine Sorge, ich begleite dich dabei. Wir begleiten uns alle dabei. Keiner von uns ist während dieses Prozesses allein.

Wir sind vereintes Bewusstsein, sobald es uns bewusst ist. Also, sei dir bewusst, dass du ein Teil davon bist und dein Dabeisein enorm wichtig und dringend notwendig ist.

Freue dich auf eine neue Bewusstseinserfahrung.

In Liebe, deine Zora

Wie die Idee eines Neuen Bewusstseins zu mir kam

Die Idee für ein Neues Bewusstsein ist nicht meine persönliche Idee. Sie ist ein Wunsch aus dem kollektiven Bewusstsein, die Parameter auf unserer Erde dahingehend zu verändern, dass eine neue Welt erschaffen werden kann.

Wie jeder Mensch habe auch ich immer wieder mit vielen Herausforderungen im Leben zu kämpfen. Es ist ein ständiges Auf und Ab aus Schicksalsschlägen, Krankheiten und Krisen. Dazwischen gibt es aber ruhigere Phasen, die mich kurz aufatmen lassen. Doch bald schon sind wieder neue Herausforderungen da.

So wie mir geht es allen Menschen. Niemand kommt ohne Krisen und Krankheiten durchs Leben. Und leider frisst diese Tatsache sehr viele Ressourcen und kostet enorm Kraft. Da bleibt es nicht aus, dass sich der Mensch fast ausschließlich auf sich selbst konzentrieren kann. Ein Großteil seiner Lebensenergie wird abgezogen für individuelle Belange und für das Meistern des Alltags mit all seinen Herausforderungen. Und ist es endlich einmal ruhig, muss sich der Mensch von all dem irdischen Stress erholen.

Trotz dieses ewigen Trotts, der so viel Kraft kostet, ahnt eigentlich jeder, dass das nicht alles im Leben sein kann. Da muss es mehr geben. So viel mehr...

Und so entsteht und wächst ganz allmählich die Sehnsucht nach einem Neuen Bewusstsein, das die Chance erhält, sich endlich einmal vom reinen Ich wegzubewegen. Denn wer ständig nur um sich selbst und seine eigene Gefühls- und Gedankenwelt kreist, versumpft letztlich innerlich und fühlt sich nicht mehr wirklich wohl.

Bei vielen Menschen macht sich dieses Sehnen nach einer anderen Wirklichkeit und nach einer Realität, die ein Miteinander fördert statt ein Kreisen um sich selbst, schon im Kindesalter bemerkbar. So war es auch bei mir.

Aus meiner kindlichen Perspektive heraus trug ich die unerschütterliche Gewissheit in mir, dass irgendetwas mit der Welt nicht stimmte. Ich erlebte in den frühen Siebzigerjahren meine Kindheit zwar als schön, aber das Drumherum fühlte sich absolut nicht stimmig an. Als stark empathisches, hochsensibles und medial veranlagtes Kind fehlte mir eine wirkliche Substanz im Leben, ein erfahrbarer Sinn, ein stimmiges menschliches Verhalten und ein richtungsweisendes Lebenskonzept. Das, was ich wahrnahm, stimmte fast nie überein mit dem, was für mich Sinn ergeben hätte. Da gab es so viel, was einfach fehlte.

Überhaupt ging mir schon als Kind die überhebliche Sorglosigkeit der Erwachsenen auf den Geist. Ich hatte das Gefühl, dass es den Erwachsenen nur um sich selbst ging, um ihr eigenes Wohlbefinden, um ihre eigenen Bedürfnisse und Wünsche. Das fand ich befremdlich. Ein wirkliches Miteinander war nicht spürbar.

Im Gegenteil. Aus der Sicht eines Kindes empfand ich die kontroverse gesellschaftliche Situation nur als schrecklich. Bürgerliche gegen Reformer, Alte gegen Junge, Traditionalisten gegen Freidenker, Rechte gegen Linke, Männer gegen Frauen – ein ständiger Kampf. Und jeder dachte nur an sich und seine eigenen Ideen und Meinungen und wollte andere davon überzeugen, und sei es mit Gewalt. Diese irrsinnige Rechthaberei hat sich für mich noch nie stimmig angefühlt.

Dazu kam der innenpolitische Terror, den ich überhaupt nicht verstehen konnte. Wie konnten Menschen für eine bessere Welt kämpfen, indem sie anderen das Leben nahmen! Rigoros und rücksichtslos, egoistisch ihren eigenen Idealen ausgeliefert, unfähig, irgendetwas Größeres zu sehen und eine neue Perspektive der Gesamtheit einzunehmen. Stattdessen verbissen und erstarrt in ihren selbst erschaffenen Dogmen. Für mich als Kind waren weder die Ideen der Hippies oder Linken noch die Ideen der Bürgerlichen erstrebenswert. Ihre Ausstrahlung war durch und durch von Egoismus geprägt, und zwar auf beiden Seiten. Aus meiner Sicht als Kind machten sie sich alle etwas vor. Sie waren nicht authentisch, sondern auf Widerstand und einzig und allein auf Selbstverwirklichung aus.

Im Kindergarten erlebte ich dann den ersten Schrecken einer Realität, die Andersdenkende und Andersseiende regelrecht verdammt. Die anderen Kinder machten um mich einen großen Bogen und mieden mich wie die Pest, weil ich damals schon eine andere Energieausstrahlung hatte, die so gar nicht in das Kindergartenschema passte.

So wollte ich zum Beispiel immer alle gewinnen lassen und weigerte mich, bei Gewinnspielen mitzumachen. Und Wettkämpfe waren mir ein Gräuel. Auch das Bilden von Grüppchen und den Ausschluss aller anderen fand ich einfach nur entsetzlich. Ein wirkliches Miteinander gab es nicht. Doch nur ein wirkliches Miteinander wäre für mich stimmig gewesen, weil ich spürte, dass es immer jemanden gab, der traurig war, weil er der Verlierer war. So etwas konnte mein Kinderherz kaum ertragen. Allen sollte es gut gehen!

Noch heute finde ich es absolut demütigend, zum Beispiel im Sportunterricht Gruppen wählen zu lassen, und leider hat bis heute noch kein Lehrer eingesehen, dass dieses Wählen diejenigen degradiert und ausschließt, die eben anders sind.

Unglaublich! Denn aus eigener Erfahrung weiß ich, wie schlimm es sein kann, wenn man nicht erwünscht ist. Regelmäßig blieb ich auf der Sportbank sitzen und schließlich übrig. Nur unter großem Murren wurde ich dann zwangsweise einer Gruppe zugeteilt. Es war demütigend.

Meine ganze Kindheit war geprägt von diesem Gefühl, dass die Menschheit kein Mitgefühl füreinander hat. Natürlich sehe ich das heute aus der Sicht einer erwachsenen Frau etwas differenzierter. Aber für mich als Kind gab es einzig und allein dieses Gefühl der Unstimmigkeit.

Das änderte sich auch nicht während meiner gesamten Schulzeit. Trotzdem trug ich immer dieses andere Bild in mir, das ich nicht beschreiben konnte. Es war das Bild einer anderen Welt, in der es etwas gab, das die Menschen einte, und nicht trennte. Aber damals konnte ich das natürlich noch nicht in Worte fassen.

Alles in allem war mir das Leben äußerst suspekt und stimmte nicht mit den Werten übereinn, die ich selbst ins Leben einbrachte, so klein ich damals auch war. So wuchs die Sehnsucht in mir, etwas aktiv dazu beizutragen, dass sich etwas auf der Welt ändern konnte. Und dazu musste sich erst einmal das gesamte Bewusstsein verändern.

Ich bin heute überzeugt davon, dass es noch viel mehr Menschen gibt, die so denken wie ich und die ebenfalls davon überzeugt sind, dass es mehr geben muss auf dieser Welt als Profit, Machtgier, Selbstverwirklichung und Konkurrenzdenken. Nur das eigene Selbst als Maßstab aller Dinge zu sehen und dem Glauben anzuhängen, dass «nach mir die Sintflut» kommen kann, ist alles andere als ein Neues Bewusstsein. Wer nur auf sein eigenes Wohl bedacht ist, bleibt im alten Bewusstsein stecken und hat keine Chance, etwas wirklich in der Welt zu bewegen.

Der Wunsch nach einem ganz Neuen Bewusstsein, mit dem der Mensch gleichzeitig mehrere Perspektiven einnehmen kann und ein ganzheitliches Sehen, Spüren, Fühlen und Denken entwickelt, schlummert nicht nur in mir, sondern in ganz vielen Menschen.

Die Sehnsucht, das reine ICH-Bewusstsein in ein Bewusstsein von ICH und WIR in gemeinsamer Konstellation zu verändern, ist mittlerweile riesig geworden. Und meiner Meinung nach führt an einer grundlegenden Transformation nichts vorbei.

Die Erde braucht dringend ein universelles Bewusstsein, das weit über alles hinausgeht, was bisher da gewesen und möglich war. Wir alle benötigen ein Bewusstsein, das fähig ist, über den eigenen Tellerrand zu blicken, und zwar dergestalt, dass wir uns sowohl als Individuum als auch als Gruppe, Volk, Gemeinschaft, Familie, Erdenbürger und Geschöpf des gesamten Universums begreifen können.

Und mehr noch: Dass wir uns als grobstoffliches wie auch als feinstoffliches Wesen erleben und uns dessen bewusst sind, einen sterblichen wie auch unsterblichen Teil zu besitzen und im Grunde reines Bewusstsein sind.

Wir brauchen ein Bewusstsein, das uns bewusst macht, dass das gesamte Dasein innerhalb aller Ebenen nichts anderes ist als Bewusstsein in individueller Form.

Was Leben auf der Erde bedeutet

Menschsein ist an irdische Parameter gebunden. Da kommt niemand drum herum, auch wenn er sich noch so bemüht, und diese irdischen Parameter können auch nicht einfach so abgeschafft werden. Sie existieren und werden sich eventuell im Laufe der Menschheitsgeschichte und evolutionären Entwicklung leicht verändern, aber nicht vollständig.

Nun, was sind die irdischen Parameter?

Dazu gehört allen voran das Prinzip des „Fressens und Gefressen-Werdens". Das ist Fakt.

Lebewesen verzehren einander, um selbst überleben zu können. Das lässt sich auch nicht schönreden durch die Tatsache, dass keine Tiere mehr verzehrt werden sollten. Pflanzen sind ebenfalls Lebewesen. Und auch sie können einer anderen Pflanze das Wasser abgraben, um selbst zu überleben. Das gesamte Prinzip Ernährung beruht auf dem System, ein anderes Lebewesen entweder zu töten oder so zu schwächen, dass es selbst nicht mehr lange zu leben hat.

Tiere fressen einander, Pflanzen rücken vor, um genügend Licht und Wasser zu bekommen, und der Mensch frisst alles Lebendige, wird aber selbst von Kleinstlebewesen bedroht, seien es Viren, Bakterien oder andere Keime, die mitunter tödlich sein können. So schließt sich der Kreis.

Dieses fürchterliche Prinzip des Tötens, um selbst überleben zu können, kontrolliert das komplette irdische Leben.

Darüber hinaus aber gibt es auch eine Kehrseite, ein ökologisches Gleichgewicht, ein Programm der Symbiose und des Miteinanders. Pflanzen „informieren" sich gegenseitig über die besten Lebensbedingungen und warnen vor Schädlingen. Pflanzen mit Pflanzen, Tiere mit Tieren, sowie Pflanzen und Tiere gehen ein symbiotisches Miteinander ein, um sich gegenseitig das Leben zu erleichtern. Der Mensch tut dies ebenfalls, indem er sich aktiv um Tiere und Pflanzen kümmert und Artenschutz betreibt und selbst mit anderen Menschen ein soziales Miteinander lebt, um Schwache und Kranke zu schützen und zu versorgen.

Grob gesagt: Es gibt ein sehr starkes ICH-Bewusstsein auf der Welt und gleichermaßen ein soziales WIR-Bewusstsein. Beide Bewusstseinstypen existieren nebeneinander und sind wichtig. Ohne dieses ausgeprägte ICH-Bewusstsein würde kein Lebewesen auf diesem Planeten überleben können. Aber ohne ein soziales WIR-Bewusstsein wäre kein gemeinschaftliches Leben möglich. Dann gäbe es nur starke Einzelkämpfer und keinerlei soziales Gefüge.

Die Balance zwischen dem ICH-Bewusstsein und dem WIR-Bewusstsein ist ständig Schwankungen ausgesetzt. Zurzeit leben wir mal wieder innerhalb eines sehr stark ausgeprägten ICH-Bewusstseins, das dafür sorgt, dass eine sehr starre und wenig flexible Tendenz zum Egoismus herrscht, die sich darin äußert, dass die Schere zwischen Arm und Reich immer größer wird. Trotzdem ist auch ein immer stärker werdendes Umdenken erlebbar. Das WIR-Bewusstsein holt wieder auf, aber noch sind wir als Menschheit vielen Extremen ausgesetzt.

Diese Einseitigkeit zeigt sich auf vielen Ebenen, sei es auf der politischen, der wirtschaftlichen oder sei es auf der gesellschaftlichen oder individuellen Ebene. Der Einzelne setzt sich durch. Die Machtverhältnisse sind überaus ungleich verteilt, und einigen wenigen geht es sehr gut, während die große Masse leidet, keinen bezahlbaren Wohnraum mehr findet, vom eigenen Verdienst nicht mehr gut leben kann und schließlich von Armut und einem Leben am Limit bedroht ist.

Und dennoch geht es der Weltbevölkerung so gut wie noch nie. Die Lebenserwartung – zumindest in den Industrienationen – ist so hoch wie nie zuvor in der Entwicklung der Menschheit, und die Säuglingssterblichkeit so niedrig wie nie zuvor. Der Lebensstandard ist ebenfalls so hoch wie nie zuvor. Der Mensch lebt überwiegend mit fließendem Wasser, genügend Essen und Trinken, Wohnraum, Heizung oder Klimaanlage, Mobilität und Technisierung. Und das Internet vernetzt die ganze Welt.

Und es existieren zahlreiche Gegenbewegungen, die die Schere zwischen Arm und Reich ausgleichen wollen und aktiv dafür einstehen. Die große Masse lehnt sich auf, Pioniere und Vorreiter versuchen, auf Missstände aufmerksam zu machen und treten ein in den Kampf um andere Lebensbedingungen für alle Lebewesen, für das Klima und für die gesamte Erde.

Alle diese Menschen haben auf ihre Weise in eine Art WIR-Bewusstsein gefunden und vertreten es nach außen hin.

Der Rest der Menschheit fühlt sich aber weiterhin hilflos und ohnmächtig. Diejenigen, die nicht kämpfen möchten oder können, fühlen sich von der vorherrschenden Gesamtsituation überrollt, wenden sich resigniert ab und flüchten sich ganz ins Private. Oder sie werden zu Menschen, die sich ständig beklagen und jammern und die Situation beschimpfen, ohne etwas ändern zu können oder zu wollen. Daneben gibt es zahlreiche Menschen, die ihre Wut und ihren Groll zerstörerisch ausleben und aggressiv werden.

Die vorherrschende Realität auf der Erde scheint düster zu sein – und ist es doch nicht, denn in allen Geschöpfen steckt so viel mehr als vermutet. Ein riesiges Potenzial liegt brach, gerade bei uns Menschen, denn ein jeder von uns ist in der Lage, seine Welt mitzugestalten und ihr ein neues Antlitz zu geben.

Auch wenn die Grundbedingungen auf Vernichtung und Zerstörung beruhen, eben auf dem Prinzip des „Fressens und Gefressen-Werdens", so ist der Mensch in der Lage, sich seines Bewusstseins bewusst zu sein und mit einfachen Mitteln Veränderungen zu bewirken, die nicht nur dem eigenen Wohl dienen, sondern vor allem dem globalen Dasein des gesamten Universums, sei es auf der grobstofflichen oder der feinstofflichen Ebene.

Hab den Mut, dir deines Verstandes bewusst zu sein, so hieß es bisher. Und die Ergänzung lautet: Hab den Mut, dir deines Bewusstseins bewusst zu sein! Du kannst es verändern! Du bist in der Lage, das ICH-Bewusstsein und das WIR-Bewusstsein gleichzeitig zu kreieren, zu erfahren und zum Einsatz zu bringen.

Aber dieses riesige Potenzial muss man sich erst einmal bewusst machen. Und dafür steht dir dieses Buch zur Seite.

Ein Neues Bewusstsein ist gefragt

Ohne ein Neues Bewusstsein stoßen wir schnell an unsere Grenzen. Die gesamte Entwicklung des Planeten stagniert, überholte Muster wiederholen sich ständig, ein wirkliches Fortkommen wird blockiert, und der Mensch ist wieder einmal überwiegend damit beschäftigt, sein Überleben zu sichern. Dabei sind wir längst schon weiter.

Wir leben, vor allem in den westlichen Industrienationen, auf hohem Lebensstandard. Die Produktion von Mitteln, die das Überleben sichern, ist gewährleistet, auch wenn die Bevölkerung stetig wächst. Wäre die Verteilung dieser Mittel zum Überleben gerecht, würden auch jene satt werden, die bisher wenig von dieser Produktion profitieren. Theoretisch ist genügend da für alle!

Doch es fehlt an einem langfristig etablierten WIR-Bewusstsein, das die Welt revolutioniert!

Nun, wir sind nur einen Schritt von diesem WIR-Bewusstsein entfernt, trauen uns aber noch nicht, diesen Schritt zu gehen, oder fühlen uns zu machtlos und zu schwach dazu. Oder es frohlockt ein Teil der Mächtigen, weil die Macht nun nicht verteilt werden muss, sondern wenigen zugutekommt, die nicht im Traum ans Teilen denken.

Und sofort sind diejenigen, die sich machtlos fühlen, wieder bei dem festen Glauben, die anderen sollten dafür zuständig sein. Man selbst könne sowieso nichts bewirken.

Und genau das ist falsch!

Jeder Einzelne kann sehr viel bewirken, er muss nur wissen, wie!

Wie kann das ICH-Bewusstsein so positioniert werden, dass es nicht als einzige Kraft im Universum wirkt? Und wie kann das WIR-Bewusstsein entwickelt und gestärkt werden?

Das Ziel ist ein vernünftiger Ausgleich zwischen ICH-Bewusstsein und WIR-Bewusstsein, um dieser Welt eine neue Richtung zu geben und ganz neue Wege zu beschreiten.

Das große Ziel ist ein harmonisches Miteinander aller Daseinsebenen, Geschöpfe und Wesen innerhalb der gesamten Schöpfung und des gesamten Universums.

Ohne einen harmonischen Ausgleich der Bewusstseinsmöglichkeiten bleibt zumindest unsere Erde in endlosen Wiederholungen stecken, die niemandem nützlich sind und dazu führen könnten, unserer Erde den letzten Rest zu geben.

Noch liegt der Glaube in sehr vielen Menschen tief verborgen, dem Geschehen hilflos ausgeliefert zu sein. Hinzu kommt die typisch menschliche Bequemlichkeit. Es ist schon ein kleiner Aufwand, sich aktiv für ein Neues Bewusstsein einzusetzen. Es kostet Energie und Zeit. Und es braucht Motivation. An allen drei Eigenschaften mangelt es oft. Viele fühlen sich einfach nicht verantwortlich und zuständig für diesen Planeten und diesen Kosmos. Sie vergeuden ihre Kraft, indem sie sich beschweren, jammern und schimpfen. Und das war es dann. Wie schade!

Überleg doch einmal ganz selbstkritisch, ob du motiviert genug bist, dir täglich die Zeit zu nehmen und ein wenig deiner Energie einzusetzen, um ein Neues Bewusstsein zu kreieren – in dir selbst und schließlich auch als wirksame Schwingung in der äußeren Realität?

Oder bist du zu faul und hast keine Lust dazu? Bezahlt wird es auch nicht! Und niemand dankt dir deinen Einsatz! Du spürst noch nicht einmal direkt eine Auswirkung von deinem Tun!

Vielleicht irgendwann einmal. Würdest du dich bereit erklären, jetzt gleich etwas für ein neues WIR-Bewusstsein zu tun?

Wahrscheinlich nicht. Sei ganz ehrlich, du würdest lieber auf dem Sofa sitzen und fernsehen oder Musik hören. Oder etwas essen, ausgehen, etwas Vergnügliches erleben oder dich mit Freunden treffen. Oder eine Schmusestunde mit dem Partner/der Partnerin einlegen. Oder zumindest etwas unternehmen, von dem du persönlich etwas hast. Willkommen im ICH-Bewusstsein!

So allerdings ändert sich nichts.

Es braucht deine innere Bereitschaft, dein aktives „JA", um ein WIR-Bewusstsein zu kreieren! Es benötigt dein Tun, deinen festen Willen und dein Engagement, diesen Aufwand auf dich zu nehmen.

Und es benötigt den festen Glauben daran und die Gewissheit tief in dir, dass jeder etwas dazu beitragen kann, um ein WIR-Bewusstsein zu erschaffen, das über den eigenen Tellerrand hinaus reicht und so viel Freude macht, dass es gerne ins Leben integriert wird.

Denn das ist für viele Menschen die Motivation: Ein WIR-Bewusstsein zu erschaffen muss irgendwie Sinn und Freude machen. Von mir aus auch richtiggehend Spaß! Es benötigt keine höhere Motivation spiritueller Art, um etwas zu bewegen. Spaß ist schon als erster Funke ausreichend.

Ziel ist es, sich selbst nicht als den Nabel der Welt zu sehen und seinen Lebenssinn nicht ausschließlich aus der Selbstverwirklichung zu ziehen.

Ein Neues Bewusstsein „denkt" und „empfindet" höher. Es besagt, dass es mehr Sinn und mehr Freude macht, sich für ein WIR-Bewusstsein einzusetzen. Und erst wenn dieser höhere, göttliche Sinn erkannt und gefühlt wird und das eigene Wohl nicht über dem Wohl des gesamten Universums steht, dann ist der Quantensprung ins Neue Bewusstsein gelungen.

Viele Weise, Philosophen und Vordenker sowie Reformer und spirituelle Größen haben diesen Zusammenhang zwischen ICH-Bewusstsein und WIR-Bewusstsein schon längst erkannt. Doch die Massen hat diese Erkenntnis noch nicht erreicht. Dabei geht es nicht darum, das ICH-Bewusstsein abzuschaffen, denn es ist ein wichtiger Teil der menschlichen Erfahrung, ein Individuum zu sein mit ganz persönlichen, eigenen Bedürfnissen und Wünschen.

Etliche Bücher und Lehren haben sich schon mit dieser persönlichen Wunscherfüllung befasst. Doch jetzt geht es darum, nicht im reinen ICH-Bewusstsein stecken zu bleiben und nur nach persönlicher Erfüllung und Freude zu suchen.

Es geht um einen Quantensprung, den die Menschheit nur dann schaffen kann, wenn auch die Massen bewegt werden und ein Großteil der Menschheit begreift, dass reiner Egoismus nichts Neues erschaffen kann und sich die Menschheit nur immer wieder im Kreise dreht, trotz technologischer Entwicklung.

Für viele ist das Thema *WIR-Bewusstsein* völliges Neuland. Sie müssen erst mit diesem Thema vertraut gemacht werden, denn sie können sich darunter nichts vorstellen. Vielleicht haben sie ja sogar eine leise Ahnung davon, reagieren dann aber wie gewohnt im ICH-Bewusstsein, wenn sie merken, dass sie selbst aufgefordert sind, in Aktion zu treten.

Was es mit dem WIR-Bewusstsein auf sich hat

Das WIR-Bewusstsein verdrängt das ICH-Bewusstsein nicht, sondern ergänzt und erweitert es. Der Sinn, der dahinter steht, ist ein neues, verantwortungsvolles Miteinander im irdischen Dasein, das geprägt ist von Mitgefühl, Empathie und wirklicher Hilfe.

Mit dem Wort *Hilfe* meine ich nicht das zwanghafte Helfen-Wollen, um sich selbst besser zu fühlen, sondern die Notwendigkeit, dort tatkräftig in den Einsatz zu kommen, wo wirkliche Hilfe nötig und Veränderung erwünscht ist.

Doch was ist das WIR-Bewusstsein?

Es ist das Bewusstsein, das ganz bewusst Aufmerksamkeit und somit Energie dorthin fließen lässt, wo die Gesamtheit des Daseins gesehen und erfasst werden kann. Das heißt: Du änderst aus eigener Kraft deinen Blickwinkel für das gesamte Dasein, also für das, was du als Realität wahrnimmst.

Spirituelle Lehren besagen, dass das Dasein nichts anderes ist als eine Illusion. Und dass es keine objektive Wahrheit gibt. Jeder Mensch kreiert sich seine eigene Wahrheit, indem er dem, was er erlebt und wahrnimmt, eine eigene Bedeutung gibt.

Ein ganz einfaches Beispiel: Für den einen ist Fußball der tollste Sport der Welt. Für den anderen das Langweiligste, was es gibt. Beide haben Recht. Jeder Mensch erlebt die Welt so, wie er ihr eine Bedeutung gibt.

Die Illusion von Allem-was-ist ist die einzige Möglichkeit, als Individuum die Welt zu erleben, weil ja im Grunde alles eins ist. Aber wenn alles eins ist, kann sich kein Geschöpf individuell erfahren. Dafür benötigt es ein ICH-Bewusstsein und die Illusion, getrennt von allem zu sein. Erst dann ist das Dasein im Grobstofflichen so erfahrbar, wie wir es kennen.

Wir brauchen also das ICH-Bewusstsein für unser Leben, unser Dasein als Individuum im Grobstofflichen. Das ICH-Bewusstsein ist ein Grundprinzip des grobstofflichen Daseins auf der Erde und sollte nicht verdammt, sondern gewürdigt werden für das, was es ist.

Wenn wir aber im ICH-Bewusstsein hängen bleiben, verlieren wir den Sinn des Lebens. Wir drehen uns im Kreis nur um uns selbst und erleben dies irgendwann als wenig erfüllend.

Sinn des Lebens ist es, die Illusion zu erkennen und wieder zu spüren, dass alles im Grunde eins ist. Und dass Leben bedeutet, diese Erfahrung der Trennung zu machen, um wieder eine Einheit herstellen zu können. Das „Spiel" wird durchschaut und kann nun ganz ohne Weh und Ach als Erfahrungswert im Grobstofflichen angenommen werden. Erst dann öffnet sich auch das Bewusstsein für das WIR-Bewusstsein, weil erkannt wird, dass im Grunde alles eins ist. Und dass es mehr gibt im Leben, als die eigenen Bedürfnisse zu befriedigen.

Irgendwann im Laufe des Lebens kommt jeder Mensch an den Punkt, an dem er merkt, dass die eigene Bedürfniserfüllung langweilig geworden ist. An diesem Punkt beginnen die Menschen entweder, sich auf die Suche zu machen nach dem Mehr im Leben (*das kann doch noch nicht alles gewesen sein*), oder sie ziehen die Flucht in die Verdrängung vor und betäuben sich noch mehr, sei es mit Alkohol oder anderen Drogen, mit Kaufzwang oder noch mehr Vergnügungen und teuren materiellen Anschaffungen.

Im Grunde kommen alle irgendwann im Leben auf die Suche nach dem wahren Sinn. Allerdings sieht die Antwort auf diese Frage sehr unterschiedlich aus. Die einen wollen eine Antwort finden, die sie in Leib und Seele sowie im Herzen berührt. Die anderen jagen weiterhin Erfahrungen nach, die diese Frage verdrängen und ausschließlich individuell Vergnügen bereiten.

Manche, so wie ich, empfinden schon als Kind, dass es mehr geben muss als das eigene Selbst, das irgendwie versucht, sich durchs Leben zu bringen.

Mir persönlich ging das schon immer so. Seit ich denken kann. Warum auch immer, ich hatte schon als Kind die Ahnung, dass die Wirklichkeit nicht die einzige Wirklichkeit ist und es noch mehr geben muss. Auch machte ich die Erfahrung, dass ein Verweilen im ICH-Bewusstsein nicht zu mir passte. Es langweilte mich extrem, mich nur mit mir selbst zu beschäftigen. Selbstverwirklichung ist öde. Das konnte es nicht sein! Das Kreisen um mich selbst brachte mir kein Gefühl von Erfüllung, von Freude und Seligkeit. Erst das Erkennen des Großen Ganzen, das Aufdecken der Illusion des Getrenntseins und die Freude, mich trotz der Illusion für ein WIR einzusetzen, brachte mir das Gefühl von Fülle und Freude. So ist es bis heute geblieben, auch wenn ich trotz allem immer wieder die Tendenz hatte, mal im ICH-Bewusstsein zu verweilen, weil Vergnügungen ja auch irgendwie Spaß machen (meine zahlreichen Klamotten, Schuhe und Taschen erzählen von meinen Ich-Vergnügungen ☺). Aber auf Dauer ist die Ich-Befriedigung durch materielle Güter einfach nur langweilig und sinnlos. Erst das WIR-Bewusstsein schenkt meinem Leben Fülle.

Ich hatte lange Zeit das Gefühl, etwas Wichtiges hier im Leben nicht begriffen, erfasst und gelebt zu haben. Heute weiß ich, dass es sowohl das ICH-Bewusstsein wie auch das WIR-Bewusstsein in Interaktion ist, das Sinn schenkt und erfahren lässt, was es heißt, ein grobstoffliches Geschöpf zu sein, das alle Bewusstseinsebenen begreifen kann.

Das WIR-Bewusstsein ist eine innere Einstellung, eine Haltung, die besagt, dass der Sinn des Lebens darin besteht, aus dem individuellen Bewusstsein wieder zurückzukehren ins göttliche Einheits-Bewusstsein, und das nicht erst im feinstofflichen Bereich nach dem individuellen Tod, sondern zu Lebzeiten, im Grobstofflichen, innerhalb eines individuellen Körpers.

Jeder Mensch ist in der Lage, diesen Schritt zu vollziehen. Niemand ist zu dumm dazu oder zu inkompetent. Sich ohnmächtig zu fühlen ist einzig und allein darauf zurückzuführen, dass sich blockierende Glaubenssätze im Leben festgesetzt haben. Und natürlich nicht zu vergessen die eigene Bequemlichkeit. Es ist ja so viel einfacher, auf das Leben und die Umstände zu schimpfen, als selbst den Allerwertesten anzuheben, um bewusst etwas zu unternehmen.

Aber das Anheben des Allerwertesten ist noch nicht einmal nötig, denn der Akt, das WIR-Bewusstsein zu kreieren und wirken zu lassen, verläuft rein geistig.

Das WIR-Bewusstsein benötigt keinerlei körperlichen Einsatz. Du musst also nicht Geld spenden oder sonst etwas tun, das einen körperlichen Einsatz erfordert.

Das WIR-Bewusstsein ist ein bewusster Akt des Einfühlens und der geistigen Aktion.

Du wirst dir bewusst, wer du bist und dass du eine individuelle Erfahrung innerhalb eines individuellen Körpers erlebst und gleichzeitig erkennst, dass du und die gesamte Schöpfung gleichzeitig eins ist mit dem Göttlichen Bewusstsein. Und aus diesem Göttlichen Bewusstsein heraus, das dich innerlich befreit und dich leuchten lässt, wird dir all das bewusst, was im Grobstofflichen im Argen liegt. Dir werden also alle Probleme, Blockaden, Energiefelder, Sorgen und Nöte auf der Erde bewusst. Du erspürst sie, du nimmst sie mit offenem Bewusstsein und all deinen Sinnen wahr und fühlst dich aufgefordert, vom ICH-Bewusstsein ins WIR-Bewusstsein zu wechseln, um eine geistige Aktion folgen zu lassen.

Das WIR-Bewusstsein benötigt deinen geistigen Einsatz – sonst nichts!

Wer allmählich mit dem WIR-Bewusstsein vertraut ist und durch die Schwingungserhöhung der Erde, aber auch durch den ständigen Einsatz des WIR-Bewusstseins, erweiterte mediale Fähigkeiten dazugewinnt, ohne sich dafür abmühen zu müssen, kann seinen geistigen Einsatz aufs ganze Universum ausdehnen.

Es gibt mittlerweile zahlreiche Menschen, die mit medialen Fähigkeiten geboren werden und Mittler zwischen der feinstofflichen und der grobstofflichen Ebene sind und disharmonische Energiefelder im Universum wahrnehmen können.

Durch den geistigen Einsatz bist du weder durch Zeit noch durch Raum beschränkt. Du kannst dein WIR-Bewusstsein ausdehnen, wohin du willst, und ebenfalls durch die Ebenen der Zeit schicken, also auch in die Vergangenheit oder die Zukunft.

Das WIR-Bewusstsein ermöglicht es dir, heilsame, lichtvolle und liebevolle sowie transformierende und erlösende Energien in alle Bereiche zu senden, die dir bewusst sind oder bewusst werden.

Es obliegt ganz allein deiner Entscheidung, ob du das WIR-Bewusstsein in dein Leben einlädst und somit für dich erschaffst. Dieses neue Bewusstsein, das auf der geistigen Ebene wirksam ist, ist keine Zeitverschwendung, sondern ein hochwirksames Mittel, um dich selbst und deine Umwelt zu verändern.

Sobald du bereit dafür bist und dich selbst motiviert hast, kannst du jederzeit geistig tätig werden. Du benötigst dafür nur ein wenig Zeit und deinen geistigen Einsatz.

Die verschiedenen geistigen Möglichkeiten erfährst du hier im Buch. Lerne diese Möglichkeiten kennen und suche dir diejenigen heraus, die dich besonders ansprechen und für dich persönlich am wirkungsvollsten erscheinen.

Das ist alles.

Du selbst entscheidest auch, wie lange du den geistigen Einsatz planst. Manchmal reicht sogar ein Einsatz von nur einigen Sekunden. Es gibt dabei keine Vorschriften. Wichtig ist nur, dass du es tust und mit Leib und Seele spürst, dass dieser „Dienst an der Menschheit“ so viel Sinn macht, dir Freude und Erfüllung schenkt und dich aus der Opferrolle des Hilflosen und Schwachen herausholt.

Denn jetzt endlich kannst du etwas tun. Du kannst etwas bewirken. Und du kannst zum Mitschöpfer dieser Welt werden!

Es sind niemals „die anderen“, die diese Macht in sich tragen und dich in der Rolle des Jammernden oder Zornigen zurücklassen. Du selbst bist es, der mit seiner Entscheidung, ins WIR-Bewusstsein zu treten, die Macht hat, der Welt ein neues Bild zu geben.

Je mehr Menschen das erkennen, desto besser. Je mehr Menschen gleichzeitig ins WIR-Bewusstsein treten, desto wirkungsvoller und desto intensiver die heilsame Kraft der Veränderung.

Veränderungen im Denken und Fühlen treten nicht einfach von alleine auf, indem man auf ausgetretenen Ich-Pfaden wandelt. Veränderungen benötigen ein verändertes Bewusstsein und das Zutun jedes Einzelnen, um wirklich eine große Transformation einzuleiten.

Und es ist ganz leicht und einfach, dieses neue Bewusstsein zu kreieren.

- Du allein musst es wollen.
- Du allein musst es entscheiden.
- Du allein tust es mit deinem geistigen Potenzial. Und du tust es immer wieder.

Lass nicht locker. Gib nicht auf. Werde nicht müde. Lass dich nicht aufhalten von persönlichen Krisen, Krankheiten, Katastrophen. Dein geistiges Potenzial ist jederzeit einsatzfähig. Du kannst dabei auf dem Sofa liegen, in der U-Bahn sitzen, am Arbeitsplatz eine Pause einlegen oder während einer monotonen Tätigkeit wie Bügeln, Staubsaugen oder Geschirrspülen dein geistiges Potenzial nutzen. Du kannst dich aber auch ganz bewusst in eine bequeme Meditationshaltung begeben und dir ganz viel Zeit nehmen.

Alles ist möglich. Gerade auch dann, wenn der Alltag stattfindet. Selbst kurz vor dem Einschlafen oder kurz nach dem Aufwachen bleiben immer noch einige Sekunden oder Minuten für deinen Einsatz.

Woher du wissen kannst, dass dein Einsatz etwas bewirkt

Am Anfang brauchst du einfach Selbstvertrauen und Gottvertrauen, dass der Einsatz des WIR-Bewusstseins eine gute Sache und auf jeden Fall wirksam ist. Zweifel und Skepsis bringen dich nicht weiter. Das tun sie nie. Sie sorgen stattdessen dafür, dass du in der Opferrolle bleibst und dich nach wie vor hilflos fühlst und nach anderen rufst, die die Welt ändern sollen.

Meine Empfehlung ist ganz einfach. Tu es! Fertig!

Du wirst schon nach ganz kurzer Zeit feststellen, dass sich etwas ändert. Zunächst einmal in dir selbst. Du wirst ruhiger und gelassener. Das Tolle ist wirklich, dass die Übungen für das WIR-Bewusstsein erst einmal etwas für dich persönlich bewirken. Sie verändern etwas in dir und aus dir heraus. Nur so kann das WIR-Bewusstsein wirken. Es braucht dich! Du trägst das ganze Universum in dir. Du bist ein ICH, das ein WIR ist. Also wirkt das WIR in deinem ICH. Du wirst deine Welt plötzlich ganz anders wahrnehmen, denn das WIR-Bewusstsein versöhnt dich mit dir selbst. Es beruhigt dein Ich und schafft Verbindung zwischen dem Individuellen und dem Kollektiven. Es baut eine Brücke für dich.

Bei mir persönlich hat einmal nur eine einzige geistige Übung, die nur ein paar Sekunden gedauert hat, ausgereicht, um mich aus der Panik herauszuholen. Ich konnte viel gelassener und ruhiger sein, ohne dass ich schon eine Wirkung meines geistigen Einsatzes im WIR spüren konnte. Zuerst wirkte das WIR in mir. Dieser Effekt hat mich vollends überzeugt, dass es der absolut richtige Weg ist, vom ICH-Bewusstsein ins WIR-

Bewusstsein zu wechseln und diesen Wechsel geistig zu vollbringen und dann ganzheitlich wirken zu lassen, nämlich im ICH und im WIR.

Seitdem ist dies der Weg, den ich von ganzem Herzen wärmstens empfehlen kann, um für diese Welt da zu sein und ihr Gestalt zu verleihen.

Die Veränderungen werden stattfinden, und das erst einmal in dir selbst. Du wirst eine ganz neue Sichtweise auf alles entwickeln, was um dich herum ist, auch auf dich selbst.

Hier ein paar Wirkungsweisen des WIR-Bewusstseins in dir selbst:

- Du wirst fähig, mehrere Perspektiven gleichzeitig einzunehmen. Das heißt, du kannst deinen eigenen Standpunkt verlassen und andere Sichtweisen, Meinungen, Überzeugungen so sehen, als ob sie in dir entstanden wären.
- Du wirst allgemein empathischer. Das heißt, du kannst all das erkennen, wahrnehmen, erspüren und fühlen, was andere Geschöpfe gerade erleben. Manchmal erfährst du es eins zu eins im Körper.
- Du wirst verständnisvoller. Das heißt, dass du aufhörst, andere Meinungen, Sichtweisen und Geschöpfe zu verurteilen. Dir wird bewusst, dass jeder seine eigene Wahrheit kennt, die gut und gerne neben deiner – gleichwertig – stehen kann.
- Arroganz und Überheblichkeit weichen echter Toleranz. Das heißt, dass du aufhörst, andere von deiner Meinung überzeugen zu wollen. Weil du ihre Wahrheit ebenfalls als wahr ansehen kannst.

- Rechthaberei hört ganz auf. Das heißt, du erkennst, dass es sinnlos ist, Recht haben zu wollen, sondern es wichtiger ist, einen Konsens zu finden und ein neues Miteinander zu kreieren.
- Du bist weniger verletzlich. Das heißt, dass du selbst nach einer verbalen Attacke, etwa bei Beleidigungen und Beschimpfungen, nicht mehr so stark leidest. Du kannst dich in dein Gegenüber einfühlen und verstehen, warum es so gehandelt hat. Auch wenn anschließend für euer Miteinander entsprechende Konsequenzen entstehen, zum Beispiel der Abbruch der Kommunikation, kannst du innerlich verzeihen und Verständnis zeigen – auch für emotionale Ausbrüche jeglicher Art von anderen Menschen.
- Du übernimmst allgemein Verantwortung. Das heißt, du drückst dich nicht davor, dich auf geistigem, friedlichem und engagiertem Weg für die Welt einzusetzen. Du musst nicht kämpfen, sondern einfach dein WIR-Bewusstsein einbringen.
- Du stellst deine ICH-Bedürfnisse zurück. Das heißt, dass es für dich sinnvoller, erfüllender und freudiger ist, dich für das Wohl aller einzusetzen als nur für die Befriedigung deiner persönlichen Wünsche.
- Du bist in der Lage, höher zu denken. Das heißt, dass du dich selbst und die gesamte Schöpfung als göttlich einstufst. In Gedanken kannst du dich immer auf diese allerhöchste göttliche Ebene des Daseins begeben und deine Illusionen erkennen.
- Du bist in der Lage, höher zu fühlen. Das heißt, dass du für die gesamte Schöpfung, einschließlich deiner selbst, nichts als fließende, wunderbare Liebe empfindest und erkennst,

dass es im gesamten Universum nichts als eine schöpferische liebende Schwingung gibt, aus der alles erschaffen wurde. Du bist Liebe. Alles ist Liebe!

- Du bleibst nicht in hemmenden Gefühlssituationen hängen, sondern bist in der Lage, deine Wut, deinen Frust und deine Enttäuschung zu verarbeiten und die frei werdende Energie schöpferisch zu nutzen.

Wie das WIR-Bewusstsein konkret zum Einsatz kommt

Das große Geheimnis liegt darin, fühlbare, sichtbare, spürbare und erlebbare Lichtenergie auf geistigem Weg zum Einsatz zu bringen. Das ist der eine Weg. Der andere Weg beruht auf Heilgebeten. Es gibt natürlich auch noch viele andere Wege zum WIR-Bewusstsein. Ich gebe dir die einfachsten an die Hand, die ganz leicht einsetzbar und alltagstauglich sind.

Seit es Menschen gibt, ist das Thema WIR-Bewusstsein aktuell. Schon viele Völker vor uns erkannten den Zusammenhang zwischen ICH-Bewusstsein und WIR-Bewusstsein. Und sie entwickelten Techniken dafür. So ist zum Beispiel das Ho'oponopono aus dem hawaiianischen Schamanismus eine Möglichkeit, ins WIR-Bewusstsein zu gelangen. Überhaupt zeigen viele schamanische Wege Möglichkeiten auf, ins WIR-Bewusstsein zu wechseln.

Hier erfährst du den Weg der Lichtenergie und der Heilgebete, einfach deshalb, weil diese Wege für alle Menschen gleichermaßen geeignet sind und keinerlei spirituellen oder kulturellen Hintergrund benötigen. Auch keinen esoterischen Überbau. Aber natürlich kannst du jederzeit andere Wege beschreiten. Es liegt ganz allein in deinem Tun. Hauptsache, du tust es!

Nun, was ist Lichtenergie?
Und was versteht man unter Heilgebeten?

Lichtenergie ist das Erleben von gebündelter Farbe und leuchtender Kraft. Lichtenergie wird geistig produziert und erlebt. Sie kann als Wärme im Körper gespürt oder visualisiert, also vor dem geistigen Auge als kraftvoller Lichtstrahl gesehen, werden. Genauso gut kann Lichtenergie mit den anderen menschlichen Sinnen wahrgenommen werden, wenn sich jemand zum Beispiel schwer tut mit Visualisierungen. Viele Menschen sind Empathiker, was bedeutet: Sie spüren die Energie im Körper. Das kann sich im ganzen Körper wie Kribbeln, Kreiseln oder Vibrationen anfühlen. Oder wie Hitze, wie Wellen oder Pulsieren.

Heilgebete werden über das direkte Sprechen und das Hören übermittelt. Die Wortschwingungen und Bedeutungen setzen Energie frei, die ebenso wirksam ist wie die Lichtenergie. Gesprochen wird in der Sprache, die dir vertraut ist. In unserem Fall in Deutsch. Denn nur dann wirken Wort und Klang gemeinsam intensiv, wenn dir die Bedeutung der Gebete bewusst ist. Für mich persönlich sind deshalb Mantren in Sanskrit wenig wirksam. Es gibt zwar eine Übersetzung, und der Klang wirkt universell, aber ich persönlich brauche das direkte Verstehen.

Für dich kann das anders sein. Deshalb finde deinen eigenen Weg.

Das WIR-Bewusstsein kann also über Wort (Klang)-Schwingung und Licht-Schwingung geistig erzeugt werden. Bei den Heilgebeten empfiehlt sich zwar das laute Sprechen, aber ebenso gut kann es als inneres Gebet im Stillen gelesen oder still gesprochen werden.

Das Visualisieren von Lichtenergie und das Sprechen von Heilgebeten sind keine neue Erfindung. Die Menschheit kennt diese Möglichkeiten seit Anbeginn der Zeit. Aber nur wenigen ist bewusst, dass diese Möglichkeiten dazu beitragen, das Bewusstsein zu erweitern und zu erhöhen und ein neues WIR-Bewusstsein zu kreieren.

Lichtenergie und Heilgebete dienten bisher vor allem der Selbsthilfe und galten als Möglichkeiten, individuelle Probleme und Herausforderungen zu meistern. Sie wurden für den persönlichen Bedarf eingesetzt und wirkten im ICH-Bewusstsein. Aber sie können genauso gut für das WIR-Bewusstsein eingesetzt werden. Und wirken dann trotzdem im eigenen Inneren.

Die verschiedenen Möglichkeiten erfährst du in den nächsten Kapiteln.

Lichtenergieheilung und Heilgebete sind feste Bestandteile des geistigen Heilens. Darüber hinaus dienen sie aber ebenso der Manifestation des Bewusstseins, um sich des Daseins bewusst und bereit zu sein, innerlich zu reifen und zu wachsen.

Der Großteil der Menschheit ist sich fast gar nichts bewusst, was über die eigenen Alltagssorgen hinausgeht. Die Menschen leben im Unbewussten, folgen ihren Verpflichtungen und Vergnügungen und sind einfach nicht fähig, den Horizont zu erweitern. Warum auch? Und woher auch?

Es bedarf der Aufklärung und anschließend der eigenen Erfahrung.

Natürlich gibt es immer wieder herausragende Persönlichkeiten, die mit einem erweiterten Bewusstsein auf die Welt kommen, oder zumindest noch als Kind die Möglichkeit haben, in ein Neues Bewusstsein hineinzuwachsen. Neue Generationen werden diesbezüglich im Vorteil sein, denn es kommen immer mehr Kinder mit medialen Gaben auf die Welt, hochsensibel und mit einem ausgeprägten Erinnerungsvermögen, das sie von vorneherein mit der feinstofflichen Ebene in Verbindung treten lässt. Sie werden eine Weisheit mitbringen, die sie sich nicht mühsam „erarbeiten“ müssen. Sie werden über den Sinn des Lebens Bescheid wissen und das WIR-Bewusstsein ins Leben mitbringen.

Sobald du dir bewusst bist, dass du hier im Dasein dein Schöpfer der Gegebenheiten bist, kannst du loslegen. Entscheide dich einfach dafür! Das Wunderbare dabei ist, dass du mit dieser Entscheidung dazu beiträgst, eine neue Energie zu verbreiten, die auch für andere interessant ist, sodass sich ein großer Kreis ziehen lässt.

Denn wenn ich es kann, dann kannst du es auch, und dann kann es jeder. Jeder Mensch ist fähig, mit dem WIR-Bewusstsein Veränderungen herbeizuführen.

Diese Veränderungen werden sich bemerkbar machen. Sie werden dir die Gewissheit schenken, dass dein geistiges Potenzial wirklich in der Lage ist, den Status Quo zu beeinflussen. Es wird sich in dir selbst wie auch in deinem Umfeld einiges in Bewegung setzen, manchmal sehr sanft und kaum zu bemerken, manchmal aber auch wie eine große Neuorientierung, ein intensives Verändern auf allen Ebenen.

Du kannst die Art und Weise, wie und wann diese Veränderung geschieht, nicht beeinflussen. Denn es findet sich dann alles so, wie es soll und wie es in seiner Bestimmung liegt. Ergebnisse lassen sich nicht zeitlich, räumlich oder sonstwie festlegen. Aber es wird sich alles fügen, wie es soll. Deshalb vertraue einfach deiner eigenen Kraft.

Bedeutungen erschaffen

Das WIR-Bewusstsein lebt von deiner Vorstellung, wie die Welt ist. So, wie du die Welt siehst, so ist sie auch für dich. Du erlebst und kreierst deine eigene Wahrheit. Das geschieht die ganze Zeit, während dein Leben vergeht. Sobald du dir aber bewusst bist, dass du deine Welt selbst erschaffst, kannst du sie konkret steuern. Dies geschieht, indem du allem, was du erfährst, eine Bedeutung beimisst.

Welche Bedeutung möchtest du deinen Erfahrungen geben? Gibst du ihnen die Bedeutung von Wertlosigkeit, von Hässlichkeit, von Grausamkeit? Oder gibst du ihnen die Bedeutung von Wertvoll, Schön, Harmonisch?

Du kannst deinen Erfahrungen also einen Stempel aufdrücken. Es ist immer deine Entscheidung. Du kannst dem WIR-Bewusstsein die Bedeutung von „Wichtig" geben. Du kannst ihm die Bedeutung von „Sinnvoll" geben, oder von „Erfüllend".

Erlebst du schmerzhafte Erfahrungen, kannst du ebenfalls entscheiden, welche Bedeutung du ihnen gibst. Wenn du ihnen die Bedeutung „Fies", „Ungerecht", „Ärgerlich" gibst, dann schmerzen sie dich richtig stark. Gibst du ihnen die Bedeutung „Bedeutungslos", „Unwichtig", „Halb-so-schlimm", dann kannst du den Schmerz eher loslassen. Sobald du es sogar schaffst, einer schmerzhaften Erfahrung die Bedeutung „Lehrreich" zu geben und Mitgefühl zu haben – für dich selbst sowie für alle an der Situation Beteiligten –, dann wird dich der Schmerz fast gar nicht mehr tangieren. Es kann dann sogar sein, dass du neue Kraft aus ihm schöpfst. Dann kommt es zu ganz besonderen Aussagen, die du sicher schon gehört hast: „Die Krankheit war das Beste, was mir passieren konnte“ oder „Dass ich verlassen worden bin, hat meinem Leben eine ganz neue, wunderbare Richtung verliehen.“

Werde dir bewusst, dass du immer selbst die Zügel in der Hand hältst. Das Leben selbst wird dir unterschiedliche Erfahrungen präsentieren, und dazu gehören auch schmerzhafte. Du allein jedoch entscheidest, welche Bedeutung du ihnen verleihst.

Und nun machst du dir bewusst, dass du dem WIR-Bewusstsein eine Bedeutung verleihen kannst. Welchen Stellenwert soll es in deinem Leben erhalten?

- Soll es wichtig für dich sein, oder sehr wichtig?
- Bist du bereit für das Wachstum, was geschehen wird?
- Bist du bereit, die Verantwortung dafür zu übernehmen, diese Welt mitzugestalten und somit auch zu verändern?
- Bist du bereit, JA zu sagen zu einer Veränderung, die Bedingungen erschafft, in der es allen Geschöpfen besser geht?
- Bist du bereit, dazu beizutragen, den Planeten zu retten?
- Und, vor allem: Bist du wirklich bereit, die Bedürfnisse des Kollektivs über deine persönlichen Bedürfnisse zu stellen?

Und das ist der – dein – Knackpunkt!

Und was ist, wenn du Angst hast? Angst davor, dich selbst zu verlieren? Angst davor, zu kurz zu kommen? Angst davor, nicht zu genügen? Angst davor, nicht überleben zu können, wenn du ins WIR-Bewusstsein wechselst?

Sie dir bewusst, dass niemand ganz ohne Ängste ist. Ängste gehören zum irdischen Dasein dazu. Es ist ganz normal, ängstlich zu reagieren, wenn man plötzlich vor der Entscheidung steht, die eigenen Bedürfnisse den kollektiven Bedürfnissen „unterzuordnen". Wobei es im Grunde kein Unterordnen gibt, sondern ein Einfügen ins Miteinander.

Sei dir gewiss, dass du dein ICH-Bewusstsein nicht verlierst. Das kann gar nicht passieren. Sonst wärst du nicht hier und nicht Mensch geworden. Es liegt im Menschen selbst, immer ein ICH-Bewusstsein auszubilden. Denn als Mensch bist du einzigartig. Ein Individuum mit eigenem Denken und Fühlen, einer Entscheidungsfähigkeit und eigenen Bedürfnissen.

Ins WIR-Bewusstsein zu wechseln heißt nicht, das ICH-Bewusstsein aufzugeben. Sondern es heißt, das ICH-Bewusstsein zu erweitern und zu ergänzen. Sei dir gewiss, dass deine ICH-Bedürfnisse immer da sind und dir wertvolle Impulse geben und Grenzen setzen, zum Beispiel, wenn du merkst, dass du Hunger hast oder schlafen musst. Dann ist es auch Zeit, auf dein ICH-Bewusstsein zu hören.

Wenn du dich entscheidest, die eigenen Bedürfnisse nicht alleine in den Vordergrund deines Daseins zu stellen, dann bedeutet das lediglich, dass du bereit bist, dich für Veränderungen einzusetzen, die auch letztlich dir zugutekommen. Du wirst einen größeren Überblick über das Ganze gewinnen. Du wirst eintauchen können in die schöpferische Schwingung der Liebe. Du wirst selbst Heilung erfahren von all deinen schmerzhaften Erfahrungen, und du wirst das großartige Feedback erleben, ein mächtiges Individuum zu sein, das hier im Dasein Freude und Erfüllung erfährt. Weil du gebraucht wirst. Weil du ersehnt bist. Weil du wichtig bist. Weil du ein Schöpfer bist. Weil du es kannst! Du bist kompetent.

Du bist der Heiler, der Erlöser, der Transformator.

In dir wirkt diese göttliche Schöpferkraft, etwas bewirken zu können.

Du bist die Macht in göttlicher Mission.

Wie hieß es früher manchmal: Du bist der Mensch von Gottes Gnaden, gemacht, um göttliche Liebesenergie auf der Erde zu manifestieren und zu installieren.

Das gibt deinem Leben Sinn!

Lass deine Intention die reine Liebe sein und mache dich an die geistige Arbeit. Gib dir selbst die Bedeutung, es zu können und stolz darauf zu sein, es zu tun. Somit erhebst du dich aus dem Gefühl der Erschöpfung, der Ohnmacht, der Inkompetenz und lädst dich auf mit einer hohen, göttlichen Schwingung der Schöpferkraft.

Reinheit aktivieren

Du aktivierst absolute Reinheit in dir, wenn du dir bewusst wirst, dass du dich bisher einzig und allein abgelenkt hast von deiner eigentlichen Aufgabe im Leben. Es gehört nämlich mit zu deiner Aufgabe als Mensch, für diesen Planeten einzustehen und ein anderes Miteinander zu fördern, das aus dem WIR-Bewusstsein entsteht.

Nimm dir die Zeit, dir einzugestehen, wie und wo du noch in deinen eigenen Bedürfnissen feststeckst.

- Bist du immer noch wütend, weil sich deine persönlichen Wünsche nicht erfüllt haben?
- Grollst du anderen Menschen, weil sie dich übergangen, schlecht behandelt, betrogen, enttäuscht haben?
- Hältst du alten Schmerz und alte Verletzungen in dir fest, weil du nicht verzeihen und loslassen kannst?
- Trägst du unbewusste Verletzungen aus deiner Ahnenreihe mit dir herum?
- Bist du misstrauisch, skeptisch und zynisch?
- Beharrst du auf deinem Recht und deiner persönlichen Überzeugung und weichst keinen Millimeter davon ab?
- Bist du unversöhnlich, intolerant oder erstarrt in deinem Denken und Fühlen?
- Oder ist dir alles egal, bist du lebensmüde, dauernd erschöpft und ziellos, sowie depressiv und im Gefühl der Ohnmacht gefangen?

Dann ist es Zeit, dich erst recht auf das WIR-Bewusstsein zu stützen. Erst im WIR-Bewusstsein wirst du Heilung erfahren, weil du dann fähig bist, die ganze Illusion zu durchschauen. Du wirst mehrere Perspektiven einnehmen können und erkennen, dass alles, was dich blockiert, endlich frei sein kann, weil es in der Reinheit der göttlichen Schwingung seine Bedeutung verliert.

Ja, es verliert seine Bedeutung für dich. Es berührt dich nicht mehr. Denn im WIR-Bewusstsein gibt es einen höheren Sinn. Das ganze persönliche Elend verliert seine Macht über dich.

Natürlich schmerzt es. Das ist normal im menschlichen Empfinden. Aber es bleibt kein Dauerschmerz zurück. Sobald du in der höheren Ebene, dieser göttlichen reinen Liebesschwingung, bist, also im WIR-Bewusstsein, erlöst sich jeglicher Schmerz.

Im WIR-Bewusstsein wirken absolute Klarheit und Reinheit. Du wirst messerscharf alles sehen, was diese Situation ausgelöst hat, auch dein eigenes Zutun, dein Verhalten, dein Denken und Fühlen dazu, deine Handlungen und Konsequenzen. Aber du wirst nicht mehr urteilen. Du wirst weder dich selbst, noch den anderen, noch die Situation, noch das ganze Leben und Dasein verurteilen. Du kannst es stehen lassen, wie es ist.

Ein Beispiel aus meinem Leben:

Ich bin schon oft von Menschen verbal verletzt worden, meistens aus heiterem Himmel, ohne dass ein Streit oder eine Meinungsverschiedenheit vorausgegangen waren. Der verbale Angriff kam fast immer völlig unvorbereitet und überraschend. Plötzlich prasselten üble Beschimpfungen auf mich nieder, dergestalt, dass ich total entsetzt und schwer verletzt war. Im ICH-Bewusstsein tat es extrem weh. Wie konnte man mir so etwas antun? Wie kamen andere eigentlich dazu, mich als Prügelknaben zu missbrauchen?

Ich war natürlich sehr enttäuscht und wütend. Das Gefühl von Wut und Enttäuschung verschlimmerte meinen Schmerz. Ich fühlte mich ungerecht behandelt und von dieser verbalen Aggression überwältigt – und ohnmächtig der verbalen Schwingung ausgesetzt. Schließlich war ja nichts geschehen. Doch mein Gegenüber meinte wohl, das falsch gekaufte Spülmittel oder die noch nicht ausgeräumte Spülmaschine wären Grund genug, an mir seinen Frust auszulassen. Je öfter das geschah, desto mehr hatte ich Angst vor Wiederholungen; dass mir das immer wieder passieren würde. Und so war es auch. Das Muster, immer wieder mal von allen möglichen Leuten beschimpft zu werden, Vorwürfe und Anschuldigungen zu erhalten, hat mich ziemlich fertig gemacht.

Im WIR-Bewusstsein erkannte ich die wahre Intention des Angriffs. Ich war mal wieder die Projektionsfläche für Wut und Frust des Angreifers geworden, weil ich gerade greifbar war und in diesem Moment ein williges Opfer, schließlich ist ein sanfter Mensch, der sich primär nicht wehrt, eine ideale Plattform für Respektlosigkeiten aller Art. Doch dieses Mal konnte ich mich vom eigenen Leid distanzieren.

Hingegen war der Schmerz im Inneren des Angreifers für mich direkt fühlbar. Ich konnte spüren, warum er explodiert war. Und warum er seinen Schmerz so nach außen schmetterte. Dieser verbale Angriff galt nicht wirklich mir, sondern einer ganz anderen Ursache, einer wohl lang zurückliegenden Verletzung, die nie ausgeheilt war. Ich war der Trigger (der Auslöser) für den Schmerz des anderen, der dadurch an den alten, nie ausgeheilten Schmerz in seinem Inneren anknüpfen konnte.

Und so konnte ich Mitgefühl für den Ausbruch des anderen entwickeln, konnte seinen eigenen Schmerz erleben und nachfühlen. Aufgrund dessen war es mir möglich, mich neutral zu äußern und nicht mit einem Gegenangriff zurückzuschlagen. Ich konnte verzeihen und meinen eigenen Schmerz loslassen. In manchen Fällen konnte ich so verzeihen, dass ein weiteres Miteinander möglich war. Denn es lag auch in meiner Aufgabe, dem anderen klar zu machen, was da gerade passiert war. Und dass ich in Zukunft nicht mehr als Projektionsfläche zur Verfügung stehen würde.

In anderen Fällen war für mich klar, dass es auf dieser respektlosen Basis keinen weiteren Kontakt mehr geben konnte. Es gelang mir aber dann sehr gut, ganz ohne Wut, in aller Höflichkeit und sogar Dankbarkeit für die gemeinsame Zeit, einen Abschied zu finden und zu äußern. Und dann den Kontakt in Frieden abzubrechen.

Wie du an meinem eigenen Beispiel siehst, bin ich oft der Trigger und die Projektionsfläche für andere. Aber durch das Wechseln ins WIR-Bewusstsein kann ich ganz klar alle Positionen einnehmen und die ganze Situation aus mehreren Perspektiven betrachten. Das WIR-Bewusstsein aktiviert meine Reinheit in mir, sodass ich mich nicht auf das Hass-Niveau des Angreifers begebe. Ich kann ganz klar alles durchschauen und in der reinen, göttlichen Liebe bleiben. Dadurch gelingt mir dann sogar ein Gefühl von Dankbarkeit, Verständnis und Mitgefühl für den anderen. Und aus dieser Position der reinen Liebe heraus kann ich dann für mich entscheiden, ob ich einen Kontakt aufrechterhalte, oder ob dies das Zeichen für mich ist, diesen Kontakt nicht mehr aktiv zu fördern. Diese Entscheidung kann ich dann aus der Reinheit der Liebe heraus treffen und nicht aus der emotionalen Schmerzsituation heraus.

Ein weiterer wichtiger Punkt war dann die Erkenntnis, dass auch ich schon getriggert wurde von weit zurückliegenden Erfahrungen, und das eine oder andere Mal auch schon explodiert war, was allerdings bei mir sehr selten ist, weil ich die meiste Zeit nach innen implodiere und mir somit so manche psychosomatische Störung zugezogen habe.

Wichtig für mich war, mir bewusst zu sein, wie ich meine persönlichen Muster erlebe und auslebe. Erst dieses Bewusstsein half mir, mich selbst zu ändern, auch wenn diese Veränderung nicht geradlinig, sondern in Wellen und mit Rückschlägen verbunden war und ist.

Und auch damit muss der Mensch rechnen: Veränderungen verlaufen nie einfach reibungslos Sie sind stets Schwankungen unterworfen.

Auch im WIR-Bewusstsein ist es ja so, dass das ICH-Bewusstsein weiterhin existiert. Und dann kann man klar erkennen, wann man wo welche Grenzen setzt und wo man selbst Fehler begangen hat. Niemand muss sich Respektlosigkeit gefallen lassen oder weiterhin seiner eigenen Respektlosigkeit hilflos ausgeliefert sein. Niemand muss darunter leiden, und niemand muss sich deswegen als Opfer fühlen.

Das WIR-Bewusstsein gibt uns Menschen somit auch die Möglichkeit, sich selbst und einem anderen Menschen zu zeigen, dass es auch ohne heftige Auseinandersetzungen geht und ohne kriegerische Gegenwehr, sondern mit Verständnis, aber auch klaren Grenzen. Natürlich nimmt das WIR-Bewusstsein niemandem die Entscheidung ab, erst einmal nur im ICH-Bewusstsein zu verbleiben und sich verbal zur Wehr zu setzen. Es ist menschlich, wenn auch einmal die Fetzen fliegen und man sich gegenseitig Bösartigkeiten an den Kopf wirft. Oder sogar emotional überkocht.

Vom Gesamtnutzen her gesehen ist es unsinnig und reine Vergeudung von Energie, sich auf eine kriegerische Auseinandersetzung einzulassen. Aber da wir Individuen sind und eben auch im ICH-Bewusstsein leben, kann es im Einzelfall Sinn machen, dem anderen mal so richtig die Meinung zu sagen. Doch je schneller man es schafft, ins WIR-Bewusstsein zu wechseln, desto mehr sparen wir Energie und halten den Schmerzlevel so gering wie möglich. Und desto eher bringen wir füreinander wirkliches Verständnis auf, das so viel bewegen und verändern kann.

Reinheit, Klarheit und das Wissen um die grandiosen Chancen im WIR-Bewusstsein helfen nicht nur kollektiv, sondern auch im Einzelfall, die Illusion hinter allem zu durchschauen und ein anderes Verständnis zu entwickeln, Empathie und Mitgefühl wachsen zu lassen und dennoch konsequent zu handeln, ohne eine Spur der Verwüstung zu hinterlassen.

Aus dem WIR-Bewusstsein heraus hinterlässt du keine Feinde für immer, sondern Freunde, die einander respektieren, aber aus der jeweiligen Situation ihre Konsequenzen ziehen und den anderen in Frieden so sein lassen, wie er ist.

Langfristig die Welt verändern

Was genau wird sich langfristig verändern, wenn du die Übungen regelmäßig ausführst?

Zunächst einmal verändert sich deine gesamte Sichtweise. Du wirst zu einem Gebenden, der aus einer höheren Bewusstseinsebene heraus in der Lage ist, Mitgefühl auszustrahlen. Du selbst wirst ruhiger, gelassener, weniger angreifbar im Alltag. Und du wirst weniger zum Angreifer, der wild um sich schlägt.

Du wirst dich und deine Welt wahrnehmen und beobachten, ohne ständig ein Urteil fällen zu müssen, zu kritisieren, zu tratschen, zu lästern, zu schimpfen oder zu jammern. Mit der Zeit wird es dir sogar möglich sein, dich selbst und die ganze Welt unter einem erfreulichen, positiven und dankbaren Aspekt zu betrachten.

Mein persönliches Übungsfeld sind zum Beispiel die U-Bahn oder Zugfahrten, sowie das Bummeln in der Stadt und meine persönlichen Patienten. Ich betrachte mir die Menschen, ohne innerlich über sie zu lästern. Ich nehme sie wahr, wie sie sind, und registriere es gedanklich. Zum Beispiel: Dieser Mann hat dunkle Haare. Dieses Kind hat rote Wangen. Diese Frau trägt ein Kleid, usw.

Nachdem ich mich mit meinen Beobachtungen auseinandergesetzt habe, beschreibe ich alles, was mir positiv an den Menschen in meinem Umfeld auffällt. Zum Beispiel: Dieser Mann sieht gut aus. Dieses Kind lächelt so schön. Diese Frau hat ein wunderschönes Kleid an, usw.

Dasselbe mache ich mit mir selbst. Zum Beispiel vor dem Spiegel. Es gibt immer nur feine, nette, aufbauende Aussagen über mich selbst. Oder einfach eine neutrale Beobachtung. Auf diese Weise entgehe ich meiner eigenen Kritik mir gegenüber und dem Gefühl, dass etwas an mir selbst nicht stimmig sein könnte. Ich bin in Ordnung, wie ich bin. Und das empfinde ich auch so.

Die Übung mit dem Beobachten empfehle ich dir täglich. Führe sie aus, wo immer du bist. Für dich selbst und für deine gesamte Umwelt. Beobachte neutral und zähle auf, was du wahrnimmst. Wenn möglich, richte dein Augenmerk auf alles, was dir positiv auffällt. Allein schon durch diese Übung wirst du mit der Zeit wahre Wunder erleben...

Langfristig geht es darum, der Welt etwas Gutes zu tun. Das WIR-Bewusstsein ermöglicht es dir, auf eine ganz sanfte, sehr friedliche Art und Weise etwas zu verändern, das sich schließlich auch im Äußeren zeigt.

Bestrahle einfach weiterhin dich selbst, dein Umfeld, deine Mitmenschen und alle Situationen, die sich im Alltag zeigen. Tu dies regelmäßig. Integriere dein Tun in deinen Alltag. Manchmal reichen wirklich nur 30 Sekunden für innere Bilder. Manchmal, wenn du richtig schön Zeit hast, kannst du minutenlang deine inneren Bilder aufrechterhalten. Dann wird dein Tun zu einer wunderschönen Meditation, die dich selbst wunderbar erfrischt und stärkt.

Im Laufe der Zeit wirst du selbst ganz mühelos in das WIR-Bewusstsein eintauchen und deine gesamte Sichtweise und dein Fühlen und Denken verändern. Dann wirst du endlich auch merken, wie sich die Welt verändert.

Folgendes wird geschehen:

- Du bist nicht allein im WIR-Bewusstsein.
- Dir fällt auf, dass es sehr viele Mitmenschen gibt, die sich sozial engagieren und ehrenamtlich tätig sind.
- Du bemerkst bei vielen Menschen Fortschritte, Verbesserungen, ein anderes Denken und Wahrnehmen.
- Du unterlässt dein Lästern, Meckern und Schimpfen, weil du merkst, dass es niemanden weiterbringt, im Jammern und Stänkern zu verbleiben.
- Du regst dich auch nicht mehr über die unsäglichen Missstände auf der Welt auf, sondern bemerkst all das, was schon erreicht worden ist und wofür du selbst und andere Menschen stehen.
- Deine Aufmerksamkeit liegt nicht mehr auf den Missständen, sondern auf den Lösungswegen für eine bessere Welt
- Du bemerkst, dass die neuen Generationen ein ganz neues, ganzheitliches Selbstverständnis für die Welt mitbringen und dazu beitragen, das neue WIR-Bewusstsein zu verbreiten.
- Du beginnst, dich mit anderen Menschen im WIR-Bewusstsein zu vernetzen – sei es, dass ihr darüber sprecht und spirituelle Themen zu euern Gesprächsinhalten gehören, oder sei es, dass du aktiv eine Gruppe ins Leben rufst, die am WIR-Bewusstsein interessiert ist.
- Du wendest dich aktiv von jammernden und schimpfenden Menschen ab und erkennst, dass es nicht zu deiner Aufgabe gehört, sie mit Gewalt zu missionieren. Wer offen ist, wird selbstverständlich motiviert, ins WIR-Bewusstsein zu wechseln, aber nicht mit Mitteln des ICH-Bewusstseins, also mit

Rechthaberei, Aggression oder Druck. Niemand wird auf seinem Lebensweg überfordert.

- Du bist dankbar, auf der Welt zu sein und etwas dazu beitragen zu können, die Welt zu verändern.
- Du ergreifst die Chancen, die sich dir bieten, um aktiv etwas zu verändern, zum Beispiel innerhalb einer friedlichen Gebetsgruppe oder bei der Hilfe für Kranke und Schwache, für den Umweltschutz oder für bessere Bedingungen für Arme.
- Du erkennst die Schwächen und Kommunikationsfallen im Gespräch mit deinen Mitmenschen und versuchst, zu harmonisieren, auszugleichen und Wege für Kompromisse zu finden. Du fungierst in der Rolle eines Mediators.
- All das sind verschiedene Möglichkeiten, wie das WIR-Bewusstsein Veränderungen herbeiführt und dich diese erkennen lässt. Jeder Mensch wird seine eigenen Erfahrungen machen, wie sich diese Veränderungen der Welt bei ihm bemerkbar machen. Auch hier zählt wieder das Bewusstsein an sich. Jede Veränderung muss sich erst den Weg ins Bewusstsein bahnen. Deshalb ist es wichtig, vorgefertigte Erwartungen loszulassen. Wenn es so weit ist, wirst du es klar erkennen und wissen.

Dankbarkeit im WIR-Bewusstsein

Das WIR-Bewusstsein fördert die Wahrnehmung für das eigene Leben, aber auch für das Leben auf der Erde und all die Existenzformen, die innerhalb des gesamten Universums möglich sind. Der Blick über den Tellerrand hinaus ist dann gelungen. Und dabei kann ein überwältigendes Gefühl von Dankbarkeit in dir entstehen, denn nun kennst du den Sinn deines Lebens. Dir wird bewusst, dass du genau deshalb auf der Welt bist – in genau diesem Körper, mit genau dieser Infrastruktur und genau diesen Lebensumständen. Du bist hier, weil du gebraucht wirst, diese Welt mitzugestalten.

Du bist nicht hier, um dich zu langweilen und reine ICH-Erfahrungen zu machen. Reine ICH-Erfahrungen schenken dir keinen Sinn. Sie deckeln nur alles und hinterlassen Gefühle von Unzufriedenheit und Missmut.

Sobald du es schaffst, das WIR-Bewusstsein zu entdecken und in dein Leben zu holen, wirst du unglaublich viel Dankbarkeit empfinden. Du wirst dankbar sein für jede Gelegenheit und Möglichkeit, die Welt mit anderen Augen zu sehen. Du wirst dankbar sein für jeden Beweis, dass das WIR-Bewusstsein tatsächlich alles verändert. Du wirst dankbar sein für alle Erkenntnisse, die das WIR-Bewusstsein dir schenkt. Und du wirst dankbar sein für deine eigene Existenz und genau diese Konstellation, die dich genau zu dieser Zeit an diesem Ort sein lässt.

Dann ist es nicht mehr wichtig, sich über die individuellen Umstände zu beklagen, die dein Leben ausmachen. Dann ist es auch nicht mehr wichtig, sich über die irdischen Parameter aufzuregen und das gesamte irdische Dasein. Es ist auch nicht mehr wichtig, dich über die aktuellen Zustände auf der Erde zu beklagen und zu behaupten, dass alles immer schlimmer wird.

Solche Diskussionen sind absolut irrelevant. Es ist auch nicht mehr wichtig, welche Regierung welche Umstände verursacht hat, und welche Religion oder welche Kultur rückschrittlich, ungerecht oder lebensfeindlich ist. Das alles spielt keine Rolle mehr. Denn der Ist-Zustand, den du erlebst, kann durch dich verändert werden. Du trittst in Aktion mit Hilfe deiner Lichtübungen und Gebete, oder mit einer anderen Möglichkeit, auf geistigem Weg die Materie in Bewegung zu setzen.

Und somit das WIR-Bewusstsein konkret zum Einsatz zu bringen.

Das WIR-Bewusstsein in der Interaktion

Alles auf der Erde und im gesamten Universum steht in Verbindung miteinander. Es findet permanent eine Interaktion statt, sei es auf geistigem Weg, von Seele zu Seele, oder von Geschöpf zu Geschöpf. Die Wege der Kommunikation sind die Wege, auf denen alles miteinander diese Interaktion erleben kann.

Doch genau da liegt die große Schwierigkeit und Hürde, vor allem für uns Menschen. Kommunikation ist eines der schwierigsten Themen im zwischenmenschlichen Bereich. Gelingt sie nicht, ist auch die gesamte Interaktion gestört. Daran zerbrechen nicht nur Ehen oder Freundschaften, sondern ganze Völker entzweien sich. Es gibt Streit, Groll, Zwist und eben auch Krieg. Oder einfach nur eine zerrüttete Beziehung und Kontakte, die für immer abbrechen.

Keiner von uns ist davor gefeit. Das Grundmuster lässt sich auch nicht verändern. Dies liegt an der individuellen Sichtweise, der individuellen Wahrheit und der individuellen Form der Kommunikation des Einzelnen. Nur selten wird ein gemeinsamer Kommunikationslevel geteilt.

Wir kennen das alle:

Wir sagen etwas, und der andere filtert das, was wir gesagt haben, und vergleicht es mit seiner Wahrheit. Und schon kommt das, was wir gesagt und gemeint haben, beim anderen ganz anders an. Dann gibt es keinen Konsens, sondern nur ein großes Missverständnis, das unter Umständen ziemlich ausarten kann.

Nichts kann so schlimm sein und solche negativen Auswirkungen im eigenen Leben wie für die gesamte Welt haben wie eine falsch geführte und missverstandene Kommunikation.

Der Einsatz des WIR-Bewusstseins ist deshalb im Bereich der Kommunikation und gelungenen Interaktion für mich der wichtigste Einsatzfaktor überhaupt auf der Welt. Weil hier auf der Welt alles individuell ist und eben lauter Individuen miteinander klarkommen müssen.

Die typischen Kommunikationsfilter sind:

- Bereits erlebte Erfahrungen: Wort, Tonlage, Stimme und Körpersprache werden überprüft (verglichen) mit bereits erlebten Erfahrungen, und dann bewertet. Entweder die Erinnerung ist positiv, dann wird das Gehörte positiv bewertet. Oder die Erinnerung ist negativ. Dann triggert sie die entsprechenden Botschaften von damals und holt sie eventuell aus dem Unterbewusstsein hervor. Die Reaktion auf das Gehörte ist dann negativ. Zum Beispiel wenn jemand Kritik äußert: Der Hörer hat vor vielen Jahren sehr viel vernichtende Kritik einstecken müssen. Diese Erfahrung ploppt nun hoch, und der Hörer reagiert verletzt auf die Kritik. Dasselbe kann mit Lob passieren. Der Hörer bekommt ein Lob, vergleicht dieses aber mit seinen bisherigen Erfahrungen und stellt fest, dass er bei Lob übers Ohr gehauen und ausgenutzt wird, weil Lob bei ihm für Schmeichelei und Manipulation steht. Entsprechend reagiert er misstrauisch und weist das Lob zurück.
- Verständnis nur auf der individuellen Ebene: Das Gehörte wurde dann zwar gehört, aber die korrekte Botschaft nicht verstanden. Das Individuum kann nur verstehen, was es kennt. Für mich zum Beispiel ist es sehr schwierig, zynische Bemerkungen einzuordnen. Da ich ein sehr korrekter Mensch bin,

der es innerlich ablehnt, andere mit Zynismus zu plagen und offen und ehrlich mit allen umgeht, weiß ich nie, ob der andere sich gerade über mich lustig macht oder das Gesagte so meint, wie er es sagt. Das macht jegliche Kommunikation stressig für mich, wenn ich immer hinterfragen muss, was nun ernst gemeint ist, und was nicht. Dasselbe gilt für vermeintliche Neckereien oder für völlig unklare Botschaften.

- Sticheleien, Herabwürdigungen, Respektlosigkeiten heraushören: Alles, was die Person selbst in Frage stellt, zerstört das Miteinander. Das kommt nicht gut an und wird sofort mit Rückzug oder Konfrontation bestraft. Deshalb reagiert der Einzelne auf Aussagen, die irgendwie respektlos wirken oder das Ich ziemlich drastisch herabwürdigen. Entweder er geht in den inneren Rückzug und vermeidet solche Kontakte in Zukunft. Oder er geht sofort in Konfrontation und macht dem anderen klar, dass es so nicht geht.

Für sehr sensible Menschen ist jegliche Konfrontation immer gleich auch eine Abwertung der kompletten Persönlichkeit. Man fühlt sich als Mensch nicht genügend gewürdigt und empfindet den Affront meistens auch mit körperlichen Schmerzen.

Jede Beschimpfung, jede Kritik, jede Stichelei, jede Anschuldigung erfahre ich persönlich wie einen Tritt in den Magen und einen Schlag ins Genick. Die geäußerten Worte tun weh, richtig weh!

Aus dem WIR-Bewusstsein kann ich dann die gesamte Situation aus allen Blickwinkeln beleuchten und gut verzeihen, aber ich überlege es mir dreimal, ob ich solch einen Kontakt aufrechterhalte. Weil ich solch eine Interaktion einfach nicht möchte und sie nicht in mein Leben passt.

Das mag bei einem anderen Menschen ganz anders sein. Es gibt genügend Menschen, die einen verbalen Schlagabtausch lieben und durch die Reibung, die dadurch entsteht, neue Energie erhalten. Sie finden Konfrontationen, Diskussionen und Streitgespräche als belebend.

Bei mir geht das gar nicht. Ich benötige eine harmonische, liebevolle, tröstliche und verständnisvolle Interaktion, um mich wohl zu fühlen. Aber durch das WIR-Bewusstsein kann ich verstehen, dass es Menschen mit einer anderen Wahrheit, anderen Bedürfnissen und anderen Denkweisen sowie Handlungen gibt.

Wer zu den Menschen gehört, die gerne kontrovers diskutieren, dem lege ich ebenfalls das WIR-Bewusstsein ans Herz. Mit Hilfe des WIR-Bewusstseins bekommt so jemand die Möglichkeit, die Sichtweise des Gegenübers zu erleben und wird merken, dass es Menschen gibt, die eher eine liebevolle und sanfte Kommunikation vorziehen. Aufgrund des WIR-Bewusstseins kann er dann weniger drastische Kommunikationsmittel verwenden oder sich entsprechend entschuldigen, wenn er sich in Wort und Ton vergriffen hat.

Das WIR-Bewusstsein hilft dem Menschen, diplomatischer zu sein und zu erkennen, wo die eigenen Schwächen liegen.

Wohin mit meiner Wut?

Das WIR-Bewusstsein scheint eine nüchterne Angelegenheit zu sein, die mental gelöst wird. Doch der Mensch unterliegt seinen zahlreichen Emotionen. Und diese zeigen sich sehr deutlich, wenn Ungerechtigkeiten stattfinden.

Da wir alle heutzutage miteinander vernetzt sind und Zugang haben zu sämtlichen Informationen, die nur irgendwie abrufbar sind, werden ständig emotionale Zustände provoziert. Der Fluch des modernen Menschen ist die Flut der Nachrichten. Und diese sind fast immer negativ gefärbt. Eine Horrormeldung jagt die andere. Von allen Seiten strömen unangenehme, destruktive Informationen auf uns ein. Das macht Angst, schlechte Laune, trübt die Lebensfreude, macht unsicher und hoffnungslos.

Viele Menschen reagieren auf die Flut der Nachrichten mit Wut, Groll, Hass und dauerhafter Unzufriedenheit und steigern sich in Horrorszenarien hinein. Nicht umsonst ist der Begriff „Wutbürger" hochaktuell.

Es ist ganz normal, Wut zu entwickeln, wenn man Zuständen, Situationen und Hypothesen ausgesetzt ist, die als unfair, ungerecht, zerstörerisch und destruktiv empfunden werden oder zumindest so klingen. Die Wut kocht dann ganz schnell hoch und schürt eventuell sogar den Hass, der dann zu unüberlegten Taten führt und in Aggressionen jeglicher Art endet, sei es in Form eines Shitstorms, verbalen Bösartigkeiten, eines Streits oder Schlimmerem.

Wut an sich ist eine ganz normale Reaktion auf etwas, das nicht passend ist. Das Problem dabei ist nur, dass diese Wut keine Kanäle findet, um stressfrei abgebaut zu werden. Der

Mensch bleibt dann im Gefühl der Wut stecken und implodiert (wendet den Hass selbstzerstörerisch nach innen) oder explodiert (wendet den Hass in Form von Wutattacken nach außen). Das WIR-Bewusstsein unterdrückt die Wut nicht! Es hilft stattdessen, sie zu verarbeiten und in sinnvolle Bahnen zu lenken.

Aus meiner derzeitigen Perspektive heraus kann ich nicht beurteilen, ob der moderne Mensch keine Frustrationsgrenze mehr hat. Ich glaube, dass es schon immer Menschen gegeben hat, die sich sehr schnell provozieren ließen und schnell aus dem inneren Gleichgewicht kamen. Ihnen wohnt oftmals ein cholerischer Charakter inne. Sie brausen leicht auf, sind schnell zornig und ungeduldig und fühlen sich subjektivem Ärger sofort ausgeliefert. Ihre Frustrationsgrenze geht gegen Null. Zum Teil sind es schwierige Persönlichkeiten, denen es schwer fällt, die Ruhe zu bewahren und nicht alles gleich persönlich zu nehmen. Sie scheinen von allem irgendwie getriggert zu werden und reagieren mit aggressiven Äußerungen und Taten.

Das wird auch weiterhin so sein, denn viele Charaktereigenschaften bringt der Mensch mit auf die Welt. Aber das heißt nicht, dass er nicht fähig ist, an sich zu arbeiten und zu lernen, das WIR-Bewusstsein einzusetzen, um sich nicht vom Leben selbst in eine stressige Lage manövrieren zu lassen.

Ein anderer Faktor, der zurzeit sichtbar wird, ist die herabgesetzte Frustrationsgrenze einiger junger Menschen, die von ihrer Umwelt immer Recht bekommen haben. Sie konnten stets ihren Willen durchsetzen und ein extrem gesteigertes ICH-Bewusstsein entwickeln. Nun sind sie es gewöhnt, dass alles nach ihrem Willen geht und funktioniert. Ist dies einmal nicht der Fall, fehlt ihnen das WIR-Bewusstsein, um die Angelegenheit aus mehreren Perspektiven betrachten zu können. Manche dieser „Prinzen“ und „Prinzessinnen“ entwickeln dann entsprechende Wutäußerungen, die durchaus zerstörerischen Charakter haben können.

Aus ihrer Sicht haben diese Menschen immer Recht. Auch die, die wütend sind.

Wer sich über die Ungerechtigkeiten lautstark aufregt, hat Recht. So, wie jeder Recht hat mit dem, was er meint, glaubt und nach außen vertritt. Die Welt ist immer so, wie du sie wahrnimmst. Und wenn diese Welt dich in Wut versetzt, dann ist dies so.

Doch was macht die Wut mit dir?

Und kann man trotz Wut ins WIR-Bewusstsein gelangen?

Nun, wer wütend ist, muss sich erst einmal mit dieser Wut befassen. Denn die Energie der Wut ist heftig und aktiv, und durchaus mit zerstörerischem Potenzial.

Doch nicht jeder merkt sofort, dass er im Energiefeld der Wut ist. Deshalb ist die bewusste Wahrnehmung auch hier vonnöten. Die Selbsterkenntnis kann dabei ganz schön wachrütteln: Aha, ich bin ganz schön wütend!

Sobald die Wut bewusst wahrgenommen wird, kann mit dieser Energie gearbeitet werden. Du erlaubst dir, wütend zu sein. Nimm diese Erkenntnis an. Ja, ich bin wütend! Ich bin zu Recht wütend!

Die Erlaubnis, wütend zu sein, hilft dir jetzt schon einmal, den Druck herauszunehmen. Du brauchst kein schlechtes Gewissen zu haben wegen deiner Wut. Es ist ganz normal und menschlich, dass du wütend bist über die Zustände auf der Erde und im Leben. Du darfst wütend sein. Deine Wahrnehmung aus dem ICH-Bewusstsein heraus macht dich wütend. So ist es eben.

Aber: Wie lange soll deine Wut andauern? Wie lange möchtest du wütend sein? Und wie kannst du sie loswerden?

Erwarte keine mentale Lösung und auch keinen Verdrängungsmechanismus. Stampfen, Tanzen, Schreien, Sport treiben, in ein Kissen schlagen – alle diese Maßnahmen haben sich bewährt, um die Energie *Wut* in Bewegung umzuwandeln.

Stattdessen ist ein Aggressionsschub nicht die beste Lösung. Wer seine Wut nicht bewusst wahrnimmt, sondern sich in dieser Emotion verliert, neigt dazu, andere anzubrüllen oder tätlich anzugehen, Dinge zu beschädigen oder sich selbst zu verletzen.

Sobald du bewusst erkennst, dass du wütend bist, reagiere dich bewusst ab. Wut braucht Bewegung als Ventil. Dann kann sie schnell entweichen.

Im Zustand der zügellosen Wut kannst du nicht in das WIR-Bewusstsein gelangen. Das schließt sich aus. Das heißt, du musst dir erst deiner Wut bewusst werden, sie annehmen, sie umwandeln in Bewegungsenergie, und dann loslassen. Und dann erst kannst du ins WIR-Bewusstsein wechseln und in aller Ruhe versuchen zu verstehen, dass es viele Perspektiven im Leben gibt. Dann kannst du auch verstehen, was dich so wütend gemacht hat und warum du so stark darauf reagiert hast.

Jede Emotion hat mit dir selbst zu tun, sonst würde dich kein Thema berühren. Du wärst die Gelassenheit in Person und würdest über den Dingen stehen. Aber das ist nicht menschlich.

Menschlich ist, dass wir die ganze Bandbreite der Emotionen zur Verfügung haben, die sich zeigen, je nachdem, wie sehr uns ein Erlebnis, ein Thema oder Vorkommnis berührt.

Wer täglich Horrormeldungen über die sozialen Medien ausgesetzt ist, der wird regelrecht automatisch in Wut versetzt.

Denn in ihm entsteht der Eindruck, dass die Welt verroht, verdorben, schlecht und nicht zu retten ist.

Es bedarf dann einiger Intelligenz und innerer Bereitschaft, den Fokus auf all das Gute zu lenken, das in den sozialen Medien leider nicht den Stellenwert hat, den es haben sollte. Was wirklich zu bedauern ist.

Manche Menschen behaupten, sie würden keine Wut kennen. Sie wären nie wütend. Diesen Menschen wurde von jüngster Kindheit an beigebracht, dass Wut etwas Schlechtes ist, das es zu unterdrücken gilt. Wer keine Wut empfinden kann, versteckt sie unter dem Deckmantel der Traurigkeit, der Ohnmacht oder der dauerhaften Erschöpfung, Müdigkeit und Depression. Und merkt es noch nicht einmal. Es ist ihm nicht bewusst, und egal, was ihn wütend machen könnte, er empfindet einfach nur all die anderen, eher lähmenden Emotionen.

Das ist tragisch. Und solltest du dazu gehören, dann werde dir endlich deiner Wut bewusst. Erlaube dir, so richtig wütend zu sein, wenn dich etwas so sehr negativ berührt, dass dir „der Hut hochgeht".

Wut kann verwandelt werden in Bewegungsenergie und somit dann auch in eine schöpferische Energie, die Veränderungen einleitet, aber nicht in der Wut steckenbleibt und zerstörerisch wirkt.

An dieser Stelle möchte ich dich auch ganz bewusst aufrufen, dir sehr kritisch die Berichterstattungen in den Medien anzusehen und anzuhören. Entlarve das latent Negative. Richte dein Augenmerk auf die zahlreichen positiven Entwicklungen auf der Erde und auf die vielen Menschen, die sich friedlich und mitfühlend für ihre Familien, Freunde, Nachbarn, Kollegen und

Fremde einsetzen. Das Gute existiert! Eine hoffnungsvolle Zukunft liegt direkt vor uns und ist auch schon im Gange. Nur hören und sehen wir in den täglichen Nachrichten kaum etwas davon. Wir sind so überfrachtet mit katastrophalen Nachrichten, dass wir wirklich daran glauben, dass alles nur noch schlimmer wird.

Schalte deinen kritischen Verstand ein und überprüfe alle Nachrichten.

Ja, täglich geschehen schreckliche Dinge auf der ganzen Erde.

Und: Ja, täglich geschehen segensreiche Dinge auf der Erde.

Wo möchtest du deine Aufmerksamkeit hinlenken? Möchtest du den schrecklichen oder den segensreichen Geschehnissen deinen Fokus schenken und deine Unterstützung zuteil werden lassen? Es ist ganz allein deine Entscheidung.

Einsatz der Lichtenergie

Kommen wir nun zum Einsatz der Lichtenergie und zu den Übungen dazu. Wer diese Übungen regelmäßig anwendet, wird bald keine Anleitung mehr benötigen. Und irgendwann wird der Wechsel ins WIR-Bewusstsein automatisch ablaufen. Bis dahin ist es gut und sinnvoll, sich alle Übungen anzuschauen und auszuprobieren.

Im WIR-Bewusstsein ist man selbst immer mit dabei. Diesen Grundsatz sollten wir nicht vergessen. Denn im WIR-Bewusstsein können alle Perspektiven aus einer höheren Warte heraus betrachtet, erlebt und empfunden werden. Und auch sich selbst erlebt man im Verbund mit anderen und nicht allein gelassen auf weiter Flur. Das WIR-Bewusstsein eröffnet wahrlich neue Horizonte und verdeutlicht ganz eindrücklich, wie sehr alles mit jedem und allem verbunden ist. Allein dieses Gefühl zu erleben ist etwas Grandioses.

Wer im WIR-Bewusstsein ist, der fühlt sich wie ein liebevoller Beobachter, der alles aus mehreren Perspektiven heraus erleben und sich dieses Gesamtbild mit Wohlwollen, Mitgefühl und Liebe ansehen kann, ohne irgendetwas zu verurteilen. Es entsteht ein sehr friedliches Gefühl von Verstehen und Verständnis, wenn man im WIR-Bewusstsein ist.

Das WIR-Bewusstsein ist ein Raum ohne Verurteilung, ohne Anklagen, ohne Meckern und Jammern. Alles ist so, wie es ist, und wird aus der höheren, göttlichen Perspektive heraus gesehen. Im WIR-Bewusstsein haben Groll, Ärger, Zorn, Enttäuschung, Trauer, Wut, Missgunst, Neid, usw. keine Basis. Es gibt einfach nur Aha-Effekte.

- Aha! So ist das also!
- Aha! Ich sehe das mit ganz anderen Augen!
- Aha! Ich durchschaue und verstehe das alles!
- Aha! Das hat gar nichts mit mir persönlich zu tun!
- Aha! Ein Rädchen greift ins andere, wie interessant!

Es ist ein bisschen wie ein Bingo-Erlebnis. Ein Lichtblitz, eine erleuchtende Erkenntnis.

Der konkrete Einsatz der Lichtenergie erfolgt aus dem Gefühl und dem Bewusstsein des Gebenden heraus, der ein Kanal göttlicher Schwingung ist. Das heißt, man selbst wird zum Energiespender und bringt Licht in eine Angelegenheit. Man bestrahlt und taucht alles und jeden in dieses heilsame Licht. Auch sich selbst natürlich! Man ist Sender und Empfänger gleichermaßen und erzeugt daraus einen Kreis aus reinem Licht, der nun Wirkung zeigen kann.

Niemand muss dabei irgendwie forciert vorgehen. Das Einzige, was du tust, ist, verstärkt Licht zu senden. Das Licht selbst findet seinen eigenen Weg in die Veränderung. Es wirkt in dir gleichermaßen und sorgt dafür, dass du allmählich fähig wirst, andere, höhere Perspektiven einzunehmen und plötzlich alles mit anderen Augen zu sehen. Mit den Augen der wahren Liebe.

Deine einzige Intention sollte reine, klare Liebe an sich sein, die Schwingung der Schöpfung. Erfülle dein Herz mit lichtvoller Liebe. Diese Liebe wird dann ihren eigenen Weg finden, wirksam zu sein.

Wie dein lichtvoller Einsatz zu wirken hat, entscheidest nicht du! Sei gewiss, *dass* es geschieht! Dass dein Licht in der Welt ankommt und etwas bewegt. Du wirst nicht wissen, auf welche Weise dies genau geschieht. Hierbei hab Vertrauen und registriere stattdessen, was das WIR-Bewusstsein mit dir selbst macht. Denn nur das kannst du überprüfen. Du wirst staunen, was dein lichtvoller Einsatz mit dir macht und wie er deine ganze Denk-, Fühl- und Sichtweise verwandelt.

Lass dir Zeit, diese Veränderungen in dir wahrzunehmen, und erlaube dir, sie in dir entstehen zu lassen.

Die Lichtenergie-Übungen finden geistig statt, indem du dir die vorgegebene Übung visualisierst. Solltest du keine inneren Bilder in dir erhalten, spüre in deinen Körper hinein. Wer wenig Übung mit inneren Bildern und visuellen Vorstellungen hat, wird die Lichtenergie auf andere Weise wahrnehmen, zum Beispiel als Gänsehaut, als spürbare Wärme, als Kribbeln, als Geruch, als Wohlgefühl, usw.

Alles, was in dir entsteht und auf welche Weise es entsteht, ist in Ordnung.

Das Besondere der Übungen ist die Wirkungsweise. Indem du die eine oder andere Übung täglich anwendest, wird dein WIR-Bewusstsein gefördert. *Steter Tropfen höhlt den Stein*, wie man so schön sagt. Einfach die Übungen anwenden, und mit der Zeit wird das WIR-Bewusstsein tatsächlich in dein Bewusstsein rücken.

Du kannst natürlich auch jederzeit eine Entscheidung treffen und bewusst und absichtlich ins WIR-Bewusstsein wechseln, wenn du schon große Resonanz in dir spürst. Ansonsten, wenn dir das WIR-Bewusstsein noch absolut fremd ist, vertraue den Übungen. Übung macht den Meister. Dein Weg ins WIR-Bewusstsein wird bereitet.

Übung: *Die Lichtumarmung*

Bei dieser Übung stellst du dir dein jetziges Ich vor, also die Person, die du bist. Du siehst dich wie auf einer Bühne stehen und bist selbst der Beobachter, der aus dem WIR-Bewusstsein heraus agiert.

Stell dir nun dein jetziges Ich vor, wie es ratlos, verletzt, traurig, erschöpft, verunsichert, schwach, hilflos oder ohnmächtig ist. Dein Beobachter-Ich im WIR-Bewusstsein bringt reine Lichtenergie zu dir. Dieses Beobachter-Ich nimmt dich erst einmal tröstend in die Arme und hält dich fest. Da dein Beobachter-Ich voller liebender Lichtschwingung ist, wird bei dieser Umarmung alles Licht in dein jetziges Ich hineingepumpt. Das Licht fließt heilsam in dich hinein und lässt allen Schmerz und alle Hilflosigkeit und alle Verzweiflung und alle Schwäche aus dir herausfließen. Stattdessen wirst du regelrecht überflutet von heilsamem, liebendem Licht.

Sieh vor deinen inneren Augen, wie dein Beobachter-Ich im WIR-Bewusstsein dein jetziges Ich tief und innig umarmt. Stell dir diese Szene einfach vor und registriere, was nun geschieht.

Es kann sein, dass dein jetziges Ich erst einmal hemmungslos weint und sich an das Beobachter-Ich klammert.

Es kann sein, dass dein jetziges Ich richtiggehend spürt, wie alle Not und alle Schmerzen allmählich verschwinden, je mehr Licht hereinkommt.

Es kann sein, dass das Beobachter-Ich vor Liebe überfließt und auch zu weinen beginnt vor lauter Rührung.

Es kann sein, dass dieser innige Trost und das Übermitteln von reinem, liebendem Licht aus dem WIR-Bewusstsein nur noch Ruhe, Frieden, Gelassenheit und Liebe übermittelt.

Stell dir diese Szene so lange vor, bis dein jetziges Ich und dein Beobachter-Ich gemeinsam das Gefühl haben, dass dein jetziges Ich genügend Licht bekommen hat und komplett mit dem WIR-Bewusstsein auftanken konnte.

Löse nun die geistigen Bilder vor deinen inneren Augen auf und spüre in deinen gesamten Körper hinein.

- *Wie geht es dir jetzt?*
- *Was hat diese Visualisierung in dir ausgelöst?*
- *Wie hast du die ganze Übung erlebt?*
- *Was macht die Übung mit deinem Herzen, deiner Seele, deinem Körper?*
- *Was macht sie mit deinem Denken und Fühlen an sich?*

Es ist alles gut so, wie es ist. Wende dich wieder deinem Alltag zu und lass die Übung wirken. Sei gewiss, dass sich etwas verändern wird.

Übung: *Die Lichtkugel*

Visualisiere eine riesige Kugel aus reinem Licht. In dieser Lichtkugel gibt es eine Tür, die sich nach Bedarf öffnet. Öffne nun die Tür der Lichtkugel und begib dich ins Innere der Lichtkugel. Die Lichtkugel ist so beschaffen, dass du jederzeit nach außen blicken kannst. Du spürst am ganzen Körper, wie du geborgen und getröstet wirst und wie dich das Licht vor allem beschützt, was außerhalb der Lichtkugel vor sich geht. In der ganzen Lichtkugel gibt es genügend Platz, denn die Lichtkugel kann sich jederzeit ausdehnen.

In ihr findest du das reine, lichtvolle WIR-Bewusstsein, sodass du alles aus einer höheren Warte heraus betrachten kannst, mit den Augen der Liebe. Bleibe in der Lichtkugel und fülle dich mit der puren Energie des WIR-Bewusstseins. Das WIR-Bewusstsein fließt in dich hinein, so sehr und so erfüllend, dass du dich nur noch wohlfühlen kannst.

Nun erkennst du, dass du der ganzen Welt dieses Gefühl geben möchtest. Du möchtest dieses herrliche Gefühl, im Licht zu baden, mit der ganzen Welt teilen. Deshalb öffnest du die Tür und stellst dir vor, dass die gesamte Erde, unser Planet, nun zu dir in die Lichtkugel kommt und sich dort erholen kann. Die Erde ist so groß, dass du sie in deine Arme nehmen kannst. In der Lichtkugel hältst du die Erdkugel in deinen Armen und erlaubst dir und der Erdkugel, mit purem Licht erleuchtet zu werden.

Lass dir Zeit, das ganze Licht der Lichtkugel auszukosten und dich komplett zu füllen. Teile das Licht mit der gesamten Erdkugel. Du kannst nun immer wieder auch die Perspektive wechseln. Sieh dich und die Erdkugel, wie ihr im Inneren der Lichtkugel seid. Sieh dich aber auch von außen aus deinem Beobachter-

Ich. Du siehst nun, wie du mit der Erdkugel im Arm in dieser wunderschönen Lichtkugel sitzt und dort absolut geborgen und sicher bist. Und erst dann, wenn du spürst, dass es genug ist, öffne die Tür und entlasse die Erdkugel sowie dich selbst. Ihr seid nun erfüllt vom Licht des WIR-Bewusstseins.

Spüre auch bei dieser Übung, wie es dir damit geht.

- *Was macht die Übung mit dir?*
- *Wie war es, die Erdkugel im Arm zu halten und zu wissen, dass auch sie so viel Licht bekommt?*

Übung: *Die Lichtfinger*

Stell dir vor, wie du in eine Röhre voller Lichtstrahlen eintrittst und dich vom Licht erleuchten lässt. Du nimmst immer mehr Licht in dir auf und gibst es über deine Finger wieder ab. Göttliches Licht voller Liebe und Kraft fließt in deinen ganzen Körper und findet über deine Finger den Ausgang.

Sobald dein Körper voller Lichtkraft ist, strecke in deiner Vorstellung beide Arme nach vorne und spreize deine Finger. Sieh nun, wie gleißende Lichtstrahlen aus deinen Fingern strömen, direkt in deine Umgebung hinein. Das WIR-Bewusstsein fließt mit den Lichtstrahlen nach draußen. Deine erleuchteten und strahlenden Finger können nun alles und jeden berühren und mit dem Licht in Berührung bringen.

Du kannst nun selbst entscheiden, wen und was du alles mit deinen Lichtfingern berühren willst. Dies kann ein bestimmter Mensch, ein Tier oder eine Pflanze sein. Es kann aber auch eine Situation sein, ein Umstand, eine Landschaft, die ganze Erde oder das ganze Himmelszelt. Wen oder was deine lichtvollen Finger berühren, wird verwandelt.

Falls du dem ganzen Universum Licht geben möchtest, stell dir vor, wie du deine Arme hebst und ins Universum hineinstrahlst. Da du unaufhörlich von göttlichen Lichtstrahlen im WIR-Bewusstsein genährt und versorgt wirst, ist genügend Licht da, um so lange in die Welt hinauszustrahlen, bis du das Gefühl hast, dass es für heute genug ist.

Möchtest du bestimmte Personen mit deinen Lichtfingern bestrahlen, dann tu dies ausgiebig. Sieh in diesem Fall, wie deine Strahlen in die Aura und das Energiefeld derjenigen Person hineinfließen. Die Seele der Person kann das Licht nun von selbst aufnehmen. Auf diese Weise stülpst du niemandem etwas über. Deine Lichtstrahlen erreichen auf jeden Fall das Energiefeld, das die Person umgibt.

- *Wie ging es dir bei dieser Übung?*
- *Was hast du selbst spüren können?*
- *Hast du dem Fluss des Lichts folgen können?*
- *Worauf lag deine Konzentration? Auf dem Aufnehmen von Licht, oder auf das Abgeben von Licht durch deine Finger?*

Übung: *Das Licht-Herzströmen*

Visualisiere wieder die Röhre, aus der reines, liebendes, göttliches Licht fließt.

Du stehst mitten in der Röhre und nimmst all das Licht in dir auf. Dein ganzer Körper wird genährt und durchflutet von dem Licht des WIR-Bewusstseins. Erlaube dir, so viel Licht aufzunehmen, bis dein Körper erfüllt ist und von Herzen gerne etwas abgibt.

Dieses Mal sind es nicht die Finger, aus denen das Licht nach außen strömt, sondern dein Herz. Dein Herz öffnet sich weit und furchtlos. Aus deinem Herzen heraus fließt nun liebendes Licht hinein in deine Umwelt, hin zu allem und jedem, hinein in Landschaften, hin zu Personen, zu Tieren und Pflanzen, aber auch hinein in Situationen, Ängste, Blockaden, stressige Momente und in emotional belastende Herausforderungen.

Du selbst wirst immer mitversorgt. Das göttliche Licht füttert dich unaufhörlich. Du wirst von innen heraus im Licht gereinigt, geheilt, versorgt, getröstet und gestärkt. Das WIR-Bewusstsein schenkt dir Klarheit und lässt das Licht in dir wirken, sodass du es getrost weiter verschenken kannst.

Das Licht in dir wendet sich nun an alle Bereiche in deinem Umfeld, die noch dunkel sind und des Lichts bedürfen. Sobald du bereit bist, strahle mit deinem Herzen hinaus in die Herzen und Energiefelder all jener, die sich schwach und erschöpft fühlen oder den Glauben an sich selbst verloren haben. Dein Herz ist der Mittler der guten Gefühle und der aufrichtigen Liebe.

Während dein Herz unaufhörlich strahlt, bist du ganz und gar im WIR-Bewusstsein des wahren Mitgefühls. Deshalb kannst du von ganzem Herzen ausstrahlen. Die Kraft der Liebe, fließend aus deinem Herzen, geht niemals aus. Strahle deshalb so lange, wie es für dich passend ist, und löse erst dann wieder die Visualisierung.

- *Wie hast du diese Übung empfunden?*
- *Was es schwieriger, aus dem Herzen zu strahlen, oder aus den Fingern?*
- *Wie geht es dir nach der Übung?*

Übung: *Der Lichtturm*

Stell dir vor, wie du am Fuß eines Leuchtturms stehst und den Aufzug betätigst, der dich ganz nach oben bringt. Du steigst in den Aufzug ein und entfernst dich mit jedem Meter nach oben immer mehr vom ICH-Bewusstsein. Die Energieschwingung wird höher, feiner, liebevoller, göttlicher, je weiter du nach oben fährst. Sobald du oben angekommen bist, gibt es nichts anderes mehr als reines Licht im WIR-Bewusstsein. Du selbst wirst nun zum reinen Licht. Nichts anderes brauchst du nun am Ende des Lichtturms. Hier gibt es nur noch Licht.

Dein Körper ist noch da. Aber er ist jetzt ganz aus Licht. Er leuchtet und strahlt so wunderbar wie noch nie. Du selbst bist der Lichtturm der Liebe und erfüllst dich selbst und deine Umgebung mit reinem Licht. Es gibt keine äußere Quelle mehr für das Licht. Du selbst bist das göttliche Licht. In dir ist genug Licht für alle Zeiten, für alle Umstände, für alle Situationen, für alle Geschöpfe, und sogar für das gesamte Universum. Du bist so sehr leuchtend.

Nun musst du auch gar kein konkretes Ziel benennen, wo dein Licht hinfließen soll. Es fließt einfach und findet von ganz allein seinen Weg. Du bist Licht. Siehe die leuchtende Struktur der Liebe, die du nun bist, und lass sie leuchten, sooft du willst und solange du willst. Im Lichtturm, der du nun selbst bist, ist alles für immer vereint. Verschenke dieses göttliche Licht, bis du zurückkehrst auf den Boden der Tatsachen und die Übung beendest. Jederzeit kannst du selbst dieser Leuchtturm sein. Sieh dein eigenes Strahlen. Sieh und erlebe dich strahlend. Oder sieh aus der Beobachter-Perspektive heraus, wie du eins bist mit dem Licht und einen Lichtkörper hast.

- *Was macht diese Übung mit dir?*
- *War sie anders als die bisherigen?*
- *Wie ging es dir dabei?*
- *Konntest du erleben, wie sehr du selbst gestrahlt hast?*

Übung: *Die Lichteinheit mit einem Partner*

Diese Übung geht davon aus, dass du dich vereint mit einem anderen Menschen, einem Seelenpartner, der Dualseele oder einer ganz lieben Person fühlst. Am schönsten ist es natürlich, wenn ihr diese Übung gemeinsam ausführen könnt und euch dabei an den Händen haltet. Aber natürlich ist diese Übung jederzeit auch möglich, wenn nur einer von euch sie visualisiert. Diese tiefe Verbundenheit kann von Seele zu Seele bestehen und beide Seelen mit einbeziehen, sich als ein einziger Lichtstrahl vereint zu erleben.

Du visualisierst also, wie deine Seele mit der anderen Seele zu einer einzigen Seele zusammenfließt. Ihr löst eure körperlichen Gestalten auf und zerfließt in eure Einzelteile, bis nur noch reines, pures Licht übrig ist. Eure Struktur ist für diesen Moment der Verschmelzung nicht mehr vorhanden, ihr seid gemeinsam pures Licht, gebündelt, stark, innig, absolut liebend und unendlich leuchtend. In deiner Vorstellung seid ihr so lichtvoll, dass alles um euch herum zum Leuchten kommt. Ihr seid einfach nur da und strahlt gemeinsam in die Welt hinaus. Es ist nichts sonst zu tun. Euer vereintes Dasein ist so hell, strahlend und leuchtend, dass es alles um euch herum erfasst. Euer gemeinsames Licht reicht bis ins gesamte Universum hinein.

Verweile in dieser Einheit und sieh euch leuchten. Wieder kannst du dich und euch direkt als fließendes Licht erleben. Oder aus dem Beobachter-Ich heraus sehen, wie ihr ein einziger Lichtpunkt seid, der unendliche Strahlkraft besitzt.

Beende die Übung, sobald du das Gefühl hast, dass es genug ist. Kehre wieder zurück zu dir selbst. Nimm deine menschliche Gestalt an, dieses Mal neu formatiert, zusammengesetzt in einer heilen, ganzheitlichen Art und Weise. Du bist nun wieder in deinem Körper.

Frage dich, wie es für dich war, mit einer anderen Seele vereint zu sein und dieses riesige, doppelte Potenzial an Licht auszustrahlen.

- *Wie ging es dir dabei?*
- *Hattest du das Gefühl, noch mehr Licht ausstrahlen zu können als alleine?*

Übung: *Licht von oben*

Stell dir vor, wie du ins Weltall fliegst und auf einem wunderschönen Stern landest. Von diesem Stern aus hast du einen guten Blick ins Universum und auf die ganze Erde, die unter dir zu sehen ist.

Aus deinem ganzen Körper fließt nun das göttliche Licht der Liebe in das ganze Universum hinein und auf die Erde hinunter. Beobachte gleichzeitig das Treiben auf der Erde, die Schönheit des Planeten Erde, die Einmaligkeit und das Wunderbare. Fühle, dass du ein Teil dieses Universums bist, ein Teil der Erde, ein Teil der Unendlichkeit und aller nur erdenklichen Ebenen des Daseins.

Wenn du möchtest, kannst du nun liebevoll strahlende Geistwesen und Engel zu dir rufen. Sende Wohlwollen, Verständnis, liebevolles Mitgefühl ins gesamte Universum. Beobachte alles und sei voller Freude.

Sieh dabei genau hin. Was siehst du, wenn du auf die Erdenkugel aus dem Universum blickst? Schau, wie herrlich blau die Erde ins Universum hinein leuchtet. Umhülle diesen Anblick mit liebendem Herzen und wende dich bewusst nur allem Guten, Großartigen, Schönen und Verbindenden zu.

Stell dir dann vor, wie du und die geistigen Wesen und Engel das Universum und die Erde in leuchtende Farben tauchen. Wähle die Farben, die jetzt für dich stimmig sind, um sie hinauszusenden, um dich herum, über dich hinaus und von oben herab. Alles Seiende im Universum soll fröhliches, positives, buntes Licht erhalten und in die Schwingung der Freude getaucht werden. Beende die Übung, sobald es für dich stimmig ist.

Frage dich hinterher ebenfalls, wie es dir bei dieser Übung ergangen ist.

- *Was hat sich verändert?*
- *Was hat gut geklappt?*
- *Wo gab es eventuell Blockaden?*
- *Wo konnte alles wunderbar fließen?*

Heilgebete

Heilgebete wirken deshalb so gut für die Unterstützung des WIR-Bewusstseins, weil sie die eigene Hingabe an das Göttliche widerspiegeln. Ihre Schwingung ist eindeutig und lenkt das Bewusstsein in eine höhere Ebene, weg von persönlichen Wünschen, Bedürfnissen und Belangen.

Anders als persönliche Gebete, in denen man für seine eigenen Bedürfnisse einsteht, wirken diese Heilgebete übergeordnet für das Große Ganze, also für das Wohl der gesamten Schöpfung. Damit transformieren sie ganz automatisch die reine Schiene der Ich-Wahrnehmung auf eine höhere Ebene und somit auf einen ganz neuen Sinn im Leben.

Das leise oder laute Sprechen setzt die Transformation im eigenen Inneren in Gang. Jetzt vollzieht sich der Wechsel ins WIR-Bewusstsein ganz mühelos und automatisch. Die Hingabe, die Bitte und der Dank für die gesamte Schöpfung erlösen das eigene Ich von schmerzhaftem Groll und festgefahrenen Gefühlen.

Heilgebete wirken ganzheitlich und verändern zunächst das eigene Ich, bis dann die Wirkung spürbar und erlebbar ins Äußere getragen werden kann.

Ein Heilgebet laut zu sprechen macht wahre Wunder wahr und erlöst von allen Blockaden. Die Schwingung der Worte trägt dazu bei, neue Perspektiven einnehmen zu können und sich ihnen in Liebe, Freude und Dankbarkeit hinzugeben.

Klang, Wort und Bedeutung des Gebets tragen dazu bei, ganz im WIR-Bewusstsein anzukommen und Mitgefühl für sich selbst, die Welt und die gesamte Schöpfung zu entwickeln.

Heilgebete sind zugleich auch Segnungen. Jedes Wort segnet die Situation, sendet gute Wünsche, macht Hoffnung und öffnet Türen. Die ganze Welt mit allen Geschöpfen, Existenzen, Daseinsformen und Ausdrucksmöglichkeiten zu segnen, ist das Höchste und Schönste, was der Einzelne für das Universum tun kann, und für sich selbst.

Konkrete Heilgebete für die tägliche Anwendung

☆☆

Ich segne dieses göttliche Universum
und erkenne,
lobe und preise seine Ausdrucksmöglichkeiten
göttlicher Liebe.
In jeder Daseinsform soll Liebe wirken
und Verbundenheit empfunden werden.
Ich segne dieses göttliche Universum
mit all meiner liebenden Herzenskraft.

☆☆

Mein Herz strahlt für die Schönheit dieser Erde.
Jeder Gedanke von mir,
jedes Gefühl von mir,
jede Handlung von mir
soll Ausdruck meiner Liebe für diese Erde sein.

☆☆

Mit liebenden Augen betrachte ich alles Geschaffene,
jedes Geschöpf, jede Daseinsform, jede Existenz,
alles Feinstoffliche und Grobstoffliche.
Mit Leib und Seele bin ich Mensch,
um dieser Göttlichkeit zu dienen
und Sinn zu finden,
indem ich mein Leben einsetze,
Liebe wirken zu lassen,
aus mir heraus,
durch mich hindurch,
von mir und mit mir.

☆☆

Ich gebe mich dem Frieden hin
und der Liebe.
Ich liebe dieses Universum.
Ich liebe diese Welt.
Ich liebe das Menschsein.
Ich liebe das ICH und das WIR.
Ich bin einzig nur Liebe,
die überallhin fließt
und das ganze Universum erhellt.

☆☆

Ich bin dankbar,
Kind dieses Universums zu sein
und meinen Teil beitragen zu können,
mit meinem WIR-Bewusstsein
Erlösung,
Transformation
und Heilung in die Welt zu tragen.

☆☆

Segen soll sein über allem, was ist.
Nichts als Segen, Licht und Liebe.

☆☆

Leuchtend,
so leuchtend und strahlend
ist mein eigenes Licht,
das in die Dunkelheit strömt
und mein Licht in der Welt verteilt,
zusammen mit allen anderen Lichtern der Welt,
in Hingabe, Liebe und Freude.

☆☆

Es ist das größte Geschenk auf dieser Welt,
aus dem WIR-Bewusstsein heraus
das Universum zu betrachten
und zu wissen, dass mein Leben Sinn macht,
weil ich diesem Universum meine Liebe
schenken kann.

☆☆

So öffne ich mein Herz ganz weit
und lasse göttliche Liebe ins Universum fließen,
aus der Quelle der Einheit,
aus der Freude der Glückseligkeit,
aus dem Bewusstsein,
dass alles mit allem verbunden ist.

☆☆

Ich gebe mich dem Strom der Einheit hin,
um mein Dasein der schöpferischen göttlichen Kraft
zu widmen,
meinem Leben Gestalt zu geben
und dazu beizutragen,
dieser Welt Gestalt zu geben,
mit all meinen Gaben,
mit all meinem Sein.

☆☆

Ich segne mein ICH-Bewusstsein.
Ich segne mein WIR-Bewusstsein.
Ich segne dein ICH-Bewusstsein.
Ich segne dein WIR-Bewusstsein.
Um uns alle soll göttlicher Segen sein.
Immer und jederzeit.
Wir sind gesegnet.

☆☆

Ich bin ein Liebender/eine Liebende
und öffne mich,
um wahren Segen und wahre Liebe
in die Welt zu senden,
wo auch immer sie gerade gebraucht wird.

☆☆

Ich empfange göttlichen Segen und göttliche Heilkraft,
die mich jederzeit erfüllt und mich befähigt,
eben diese Heilkraft mit dem ganzen Universum
zu teilen.
Es ist genug an Heilkraft da für alle Ebenen des Seins.

☆☆

Danke für dieses wunderbare perfekte Universum, von dem ich ein Teil bin und das ein Teil von mir ist.

Ich bitte um Heilung Transformation und Erlösung,
in Harmonie und Liebe für alles, was ist.

☆☆

☆☆

Mein freudiges Herz teile ich mit allen Geschöpfen
dieses Universums.
Mögen sich alle Wesenheiten dieses Universums
des göttlichen Lichts
in ihnen bewusst sein.

Ein eigenes Heilgebet kreieren

Jederzeit kannst du dir ein eigenes Heilgebet kreieren. Das ist ganz einfach, wenn du dir all der Worte bewusst wirst, die dich positiv berühren.

Frieden, Licht, Liebe, Harmonie, Heilkraft, Mut, Hoffnung, Stärke, Glaube, Gewissheit, Energie, Herzenskraft, Segen, Hingabe, Leuchtkraft, Helligkeit – alle diese Worte schwingen sehr klar, rein und schön. Sie tragen in ihrem Schwingungsmuster besonders erhebende Energien, die dazu beitragen, Veränderungen zu initiieren. Verwende sie daher in deinen Gebeten.

Formuliere stets positiv und füge all jene ein, denen gute Energien zufließen sollen. Dies können ganz konkret auch bestimmte Menschen, Pflanzen oder Tiere sein. Füge dann den jeweiligen Namen des Geschöpfes hinzu.

Sobald du einen Segen aussprichst, sendest du ebenfalls ein Gebet ins Universum. Sende deinen Segen konkret und direkt zu Menschen, Situationen, Dingen, Landschaften und in die gesamte Schöpfung. Dein Segen wird überall zu spüren sein, wo er gebraucht wird. Er findet seinen Weg von ganz alleine in alle Bereiche hinein, in denen göttliches Licht wirksam werden soll.

Formuliere alles ganz mühelos und einfach. Es müssen keine komplizierten Sätze sein.

Eine Bitte, ein Dank, ein warmes Gefühl – mehr braucht es nicht, um ein Heilgebet auszusprechen. Lass dich von den hier beschriebenen Heilgebeten inspirieren und folge deinem Herzen, um eigene Worte zu finden, die für dich authentisch und passend sind.

Sei milde mit all jenen, die im ICH-Bewusstsein haften bleiben

Es wird weiterhin sehr viele Menschen auf der Erde geben, für die einzig und allein das ICH-Bewusstsein zählt. Das ist in Ordnung. Niemand hat das Recht, über sie zu urteilen, sie zu verdammen oder gar direkt zu kritisieren oder mit Vorwürfen zu plagen.

Andererseits haben aber auch diese Menschen nicht das Recht, über dich zu bestimmen, dich zu dominieren, dich zu manipulieren, dich auszunutzen oder ihren Willen mit Gewalt bei dir durchzusetzen. Ihnen begegne milde im Geiste, aber konsequent in der Praxis, indem du Grenzen setzt. Sie sind wie Kinder, die mit dem Kopf durch die Wand wollen.

Und wenn sie noch so toben, Tricks anwenden, dir schmeicheln, dich erpressen, dich bedrohen oder dich manipulieren – bleib unnachgiebig und sag NEIN. Menschen, die nichts anderes kennen als das ICH-Bewusstsein, brauchen Klarheit und müssen die Konsequenzen ihres Denkens, Fühlens und Handelns erst einmal am eigenen Leib erfahren. Sie müssen erfahren, dass sie auf diese Weise nicht vorankommen und in einer Sackgasse landen. Ganz schnell werden sie dann begreifen, dass sie allein mit dem ICH-Bewusstsein und der Art und Weise, wie sie Forderungen stellen, bei dir auf Granit beißen.

Du kannst diesen Menschen zur Seite stehen, indem du ihnen neue Wege anbietest, ohne sie zu drängen. Lass die Verantwortung bei ihnen. Sie können nur aus eigener Kraft erkennen, dass ihr Dasein Konsequenzen hat und sie die volle Verantwortung für sich selbst tragen.

Wer nicht begreifen kann oder will, trägt dafür selbst die Verantwortung. Es ist völlig unnötig, ja, sogar kontraproduktiv, wenn du ihnen die Verantwortung für ihr eigenes Denken, Fühlen und Handeln abnimmst. Der Mensch lernt nur aus der eigenen Entscheidung heraus. Du kannst ihm höchstens die Wege aufzeigen und Impulse setzen, diesen Wegen zu folgen. Aber es obliegt der eigenen freien Entscheidung, sich tatsächlich inspirieren zu lassen von neuen Ideen und Gedanken und eben auch von der Möglichkeit, ein WIR-Bewusstsein zu entwickeln.

Ich weiß, dass es Menschen gibt, die gerne mit der Methode der Kritik arbeiten, um Veränderungen herbeizuführen. Diese Menschen versuchen, andere mit Hilfe drastischer Worte zum Aufwachen zu bringen und aus ihrer Komfortzone zu holen.

Das mag für manche Menschen sogar gut und richtig sein. Ich selbst habe erlebt, dass es tatsächlich Menschen gibt, die einen etwas ausdrucksstarken Tritt benötigen, um überhaupt über sich selbst und die Welt reflektieren zu können. Liebe Worte, Erklärungen und Beispiele genügen ihnen nicht. Sie lernen über schmerzhafte Erfahrungen, über kleinere oder größere Blessuren, um überhaupt auf die Idee eines anderen Bewusstseins zu kommen.

Doch dieser Weg ist eine Gratwanderung. Er sollte nicht die Regel sein, sondern nur dann zum Einsatz kommen, wenn man absolut sicher ist, dass solch ein Wachrütteln wirklich nötig ist.

Für mich persönlich ist das nichts. Ich bin schon selbst mein härtester Kritiker, hinterfrage mich selbst immer wieder und durchdenke alle Positionen. Es ist mir also weder genehm, anderen mit Kritik zu begegnen, noch Kritik ausgesetzt zu sein. Für mich ist das der pure Stress!

Sensible Menschen, die zudem von Beginn ihres Lebens an imstande sind, die Position des WIR-Bewusstseins einzunehmen, ticken ganz anders als der Rest der Menschheit. Sie tragen den Impuls zur Veränderung stets in sich, sind stark selbstreflektiert und innerlich bereit, sich weiterzuentwickeln, und zwar in Ruhe und Frieden, ohne dass man sie von außen grob drauf stoßen muss.

Jeder Mensch ist einzigartig und benötigt einen anderen Zugang zur Seelenreife. Gehe deshalb deinen eigenen Weg, verurteile niemanden und wundere dich nicht, wenn andere Menschen andere Methoden und Möglichkeiten benötigen, um sich überhaupt einiger weniger Dinge im Leben bewusst zu sein.

Es steht niemandem zu, über jemand anderen zu urteilen. Wenn sich ein Mensch entschließt, im ICH-Bewusstsein zu bleiben, dann ist das so. Aus dem WIR-Bewusstsein heraus gibt es kein Falsch und kein Richtig. Es ist einfach alles so, wie es ist. Aber alles zieht eben auch seine Konsequenzen nach sich. Wer im ICH-Bewusstsein bleibt, der sollte sich der Konsequenzen bewusst sein.

Dies gilt auch für all die Phasen im Leben, die nicht harmonisch verlaufen. So kann es zum Beispiel sein, dass es dir während mancher Phasen perfekt gelingt, ins WIR-Bewusstsein zu gelangen. Du kannst dich selbst und deine Umwelt mit neuen Augen sehen und mehrere Perspektiven in Betracht ziehen. Auch mit der Lichtenergie und den Heilgebeten läuft es rund.

Aber dann kann eine Phase kommen, in der du nicht in der Lage bist, ins WIR-Bewusstsein zu gehen. Und Wut und Frust halten dich im ICH-Bewusstsein fest. Und du möchtest einfach nicht heraus aus dem Ich, das du bist.

Auch das ist absolut in Ordnung. Erlaube dir, ganz du selbst zu sein. Wir sind schließlich Menschen und keine Maschinen. Wenn du im Augenblick das Gefühl hast, im ICH-Bewusstsein bleiben zu wollen, dann ist es eben so. Es ist deine Entscheidung, und diese Entscheidung macht dich frei. Denn es gibt nichts, was dir mehr Kraft raubt, als der Kampf gegen dich selbst.

Niemand schafft es, sich zwanghaft ins WIR-Bewusstsein zu begeben, nur weil es jetzt besser wäre. Das würde nicht funktionieren und sehr viel Kraft kosten.

Nimm die Situation einfach an. Akzeptiere, dass du jetzt nicht ins WIR-Bewusstsein kannst und willst. Das ist keine Schande und auch kein Versagen. Das ist einfach nur menschlich!

Im menschlichen Körper hast du jederzeit das Recht, auf dich selbst zu hören. Das WIR-Bewusstsein ist die Tür zum Dienst an der Schöpfung. Doch sie sollte nicht aus Pflichtbewusstsein geöffnet werden, weil du es so von dir erwartest. Sondern aus der Kraft und der Freude heraus, dass es jetzt gerade stimmig ist und dir selbst auch guttut.

Die Harmonie zwischen dem ICH-Bewusstsein und dem WIR-Bewusstsein ist immer fließend. Sie gilt individuell und verläuft bei jedem Menschen anders und auch nicht in kontinuierlichen Bahnen. Wer allerdings gar nicht mehr aus dem ICH-Bewusstsein herauskommt und darunter leidet, weil er sich bewusst ist, dass mehr in ihm steckt als egoistisches Agieren, der sollte sich Hilfe holen. Allein sich der eigenen Schieflage bewusst zu werden, ist der erste Schritt in eine Veränderung. Dann bist du bereit, dich auf den Weg zu machen, wieder ins WIR-Bewusstsein zu kommen. Dazu brauchst du manchmal ganz viel Mut und die innere Bereitschaft, an deinen inneren und äußeren Schmerzen nicht mehr festhalten zu wollen und nicht mehr Opfer der Umstände und des Lebens zu sein.

Erst wenn du erkannt hast, dass alle Schmerzen dieses Lebens in dir selbst entstehen und du ihnen erlaubst, in dir zu wirken, kannst du dich bewusst entscheiden, diese Schmerzen endlich zu erlösen und nicht mehr unter allen Verletzungen, Ungerechtigkeiten und Widerständen des Lebens zu leiden. Aber sei milde mit dir, wenn du für diesen Prozess deine eigene Zeit und eventuell Hilfe von einem anderen Menschen brauchst.

Der Weg zwischen ICH-Bewusstsein und WIR-Bewusstsein

Die Menschheit besteht aus Einzelindividuen und ist so erschaffen worden, und das wird auch immer so bleiben. Das gilt auch für Tiere und Pflanzen. Alles Existierende auf der Erde ist zunächst einmal einzigartig, einmalig und individuell, mit einem mehr oder weniger ausgeprägten ICH-Bewusstsein. Es ist nicht Sinn des Lebens, dieses ICH-Bewusstsein zu überwinden, sondern in Relation zu sehen aus einer höheren Perspektive – dem WIR-Bewusstsein.

Das bedeutet, dass jeder einzelne Mensch auf der Erde mit der Herausforderung konfrontiert ist, sein ICH-Bewusstsein mit der Option, in das WIR-Bewusstsein wechseln zu können, zu harmonisieren. Beide Formen des Bewusstseins ermöglichen es der Menschheit, zu wachsen, zu reifen und einen Sinn im Leben zu kreieren, sowie alles Seiende von einer höheren Warte aus zu begreifen.

Es liegt mit an jedem Einzelnen von uns, das Prinzip des ICH-Bewusstseins in Relation zum WIR-Bewusstsein weiterzugeben, zu lehren, verständlich zu machen und mit weiser Weitsicht vorzustellen, ohne dogmatisch missionarisch aufzutreten.

Jegliche Tendenz der Rechthaberei, des Dogmatismus und des Missionierens werden aus dem ICH-Bewusstsein heraus kreiert und kehren sich ins Gegenteil. Die große Schwierigkeit liegt dann darin, wirklich den Sprung zu schaffen, auf einer ganz neuen Ebene zu denken, zu fühlen und zu agieren. Das ist und bleibt eine heikle Herausforderung, weil es manchmal nur einiger Erlebnisse bedarf, die uns triggern und uns komplett ins ICH-Bewusstsein zurückfallen lassen und den menschlichen Trieben nachzugeben, die da lauten: Neid, Zorn, Ärger, Wut, Missgunst, Hass, Enttäuschung, Trauer, Erschöpfung, Ohnmacht, Groll, usw.

Und während extrovertierte, weniger sensible Charaktere verbal laut werden, ihre Dominanz ausspielen und zum Angriff übergehen, ziehen sich introvertierte Sensibelchen beleidigt und schmollend zurück, hadern mal wieder mit sich und der ganzen Welt und fühlen sich ohnmächtig. Beide Reaktionen sind Zeichen des ICH-Bewusstseins und führen zu keinem sinnvollen Ergebnis. Doch sie sind menschlich. Und so gilt es, sich selbst zu verzeihen, die Sicht zu wechseln und so schnell wie möglich sich selbst und die gesamte Situation wieder aus dem WIR-Bewusstsein heraus zu betrachten.

Die Hauptaufgabe des Menschen wird es in Zukunft sein, primär alle Erlebnisse und alle Situationen so anzunehmen, wie sie sind. Es ist unmöglich, die Grundprinzipien des Daseins auszumerzen. Machen wir es uns noch einmal ganz deutlich bewusst: Wir töten einander und verzehren einander, um selbst überleben zu können. Vom kleinsten Keim bis zum Menschen sind alle Lebewesen auf ihre Weise gezwungen, ihr eigenes Überleben auf Kosten eines anderen Lebewesens zu sichern.

Für mich war diese Tatsache ein hartes Stück Arbeit, um so angenommen werden zu können. Ich habe sehr, sehr lange damit, und somit auch mit dem gesamten Leben auf der Erde, gehadert. Ein Großteil meines Widerwillens gegen diese Welt wurde dadurch ausgelöst, und somit auch das Gefühl, mich absolut fremd auf der Erde zu fühlen.

Doch erst das wahre Annehmen der irdischen Parameter und Umstände hat mich mit dem Menschsein versöhnt und mir den Weg ins WIR-Bewusstsein ermöglicht, weg von Trotz, Widerstand, Widerwillen und Schmollen. Und auch weg von dem ewigen Gefühl, hier auf der Erde falsch zu sein.

- Wir sind richtig hier auf der Erde.
- Wir sind richtig in dieser Welt, die so wenig perfekt ist, und so unerklärlich.
- Wir sind richtig in dieser Welt, in der es Werden und Vergehen gibt, Alterungsprozesse, Sterben und Tod.
- Wir sind richtig in dieser Welt, in der wir gezwungen sind, einander zu töten und zu verzehren, um überleben zu können.
- Wir sind richtig auf dieser Welt, die uns nur einen kleinen Zeitrahmen schenkt, um als Mensch hier Sinn zu finden und uns in die Welt einzubringen.
- Wir sind richtig auf dieser Welt, hin und her pendelnd zwischen ICH-Bewusstsein und WIR-Bewusstsein.

Es ist unmöglich, einen komplett neuen Menschen auf dieser Welt zu erschaffen, der rein im WIR-Bewusstsein lebt und agiert – jenseits von allen irdischen Parametern. Das Spannungsfeld zwischen dem Ich und dem Wir wird die Menschheit durch alle Zeiten begleiten, und nichts und niemand wird eine perfekte Lösung finden. Denn es gibt keine Perfektion im irdischen Dasein. Wenn es also der Menschheit gelingt, mit Wohlwollen, Mitgefühl und Liebe diese nicht perfekte Vollkommenheit auf der Erde zu sehen, dann ist schon alles in bester Ordnung. Dann hören wir auf, Energie zu verschleudern, indem wir ständig jammern und uns etwas anderes und Besseres wünschen.

Wir können uns hier nur dann mit Leib und Seele einbringen, wenn wir die Welt so annehmen, wie sie ist. Erst dann können wir für sie einstehen mit all ihren Schwächen und Fehlern, aber eben auch mit all ihrer Schönheit und ihrem wundervollen Sein.

Selbstheilung im WIR-Bewusstsein

Das WIR-Bewusstsein ist ein Garant für die Aktivierung der Selbstheilungskräfte. Heilung beginnt dort, wo der Mensch die Situation annimmt, wie sie ist: Die irdischen Parameter, die eigenen Lebensumstände, die eigenen Schicksalsschläge, den eigenen Lebensweg, die eigenen Schwächen und Fehler, die eigenen Stärken und Kompetenzen, die eigenen Entscheidungen und Fehlentscheidungen, die eigene körperliche, geistige und seelische Entwicklung, das eigene Werden und Vergehen.

Aus der Perspektive des WIR-Bewusstseins kann der Mensch das Leben von einer höheren Warte aus betrachten und sich als ein Teil des Großen Ganzen sehen und empfinden. Er sieht alles, was er ist und was ihn ausmacht, er sieht sich selbst ganz klar und urteilsfrei. Und er sieht sich als ein mehrdimensionales Wesen aus grobstofflichen und feinstofflichen Anteilen, aus einem sterblichen und einem unsterblichen Teil. Und aus einem höheren Sinn heraus, der sich allein über den menschlichen Verstand nicht erschließen lässt.

Aus der Perspektive des WIR-Bewusstseins heraus ist alles richtig, so, wie es ist, auch wenn es von der menschlichen Warte aus gesehen schmerzlich ist, weh tut und „schlimm" ist. Jedes Problem, jede Beschwerde, jede Erkrankung, jedes Ungleichgewicht kann als menschliche Erfahrung angenommen werden.

Es ist, wie es ist.

Wer das aus dem WIR-Bewusstsein heraus erkannt hat, kann sofort alles loslassen, was Angst, Stress, Widerstand, Panik, Groll, Enttäuschung, Zorn, Trauer, usw. verursacht. Er gibt sich stattdessen dem Prozess des Loslassens hin und kann sein Schicksal, seinen persönlichen Lebensweg, dem Großen Ganzen, oder Gott, oder der Natur, oder der höheren Bestimmung übergeben.

Im Moment der Annahme und Akzeptanz des Loslassens und der Hingabe geschieht das Wunder: Die Selbstheilungskräfte können ungestört mit ihrer Arbeit beginnen. Dann ist es plötzlich möglich, dass eine Therapie endlich anschlägt, die vorher keine Wirkung gezeigt hat. Oder dass Medikamente endlich wirken. Oder dass der Körper sich selbst heilt. Oder dass sich ein ganz neuer Weg auftut. Oder dass ein wahres Wunder geschieht. Oder dass der Mensch in Ruhe und Frieden sein Leben loslassen und sterben kann.

Aus dem WIR-Bewusstsein heraus erkennt der Mensch, dass das Leben auf der Erde als Mensch eine große, wunderbare Chance ist, eine Erfahrung zu machen in genau diesem Körper, diesem Umfeld, diesen Umständen, dieser Zeitspanne, und dieser Entwicklungsphase auf der Erde. Er kann dann wahrhaftige Dankbarkeit empfinden für alles, was er erlebt, auch für die weniger angenehmen Erfahrungen, die vielen Schmerzen, die Enttäuschungen und Ärgernisse.

Aus dem WIR-Bewusstsein heraus erkennt der Mensch, dass er nichts anderes ist als eine Bewusstseinsschwingung der reinen, schöpferischen Liebesenergie, aus der das gesamte Universum gemacht ist, mit all seinen Formen und Ausdrucksmöglichkeiten, mit all seinen Ideen und Kreationen, mit Allem-was-ist.

Die Welt verändern? Ist das überhaupt möglich?

Vielleicht geht es dir wie vielen Menschen. Sie zweifeln daran, dass ein paar einfache Lichtübungen etwas bewirken können. Es kann doch nicht sein, dass es so einfach ist, wo doch seit Menschengedenken Veränderungen nur mit aggressiven Mitteln und zwangsweise durchgesetzt werden konnten. Kriege, Bürgerkriege, Aufstände, Revolutionen, Meuterei, Terrorismus, Attacken oder ganz einfach Streik – die Vielfalt menschlichen Protests ist groß. Der Mensch ist bisher mit keiner anderen Möglichkeit weitergekommen, wobei das Grundprinzip immer dasselbe war: Eine einzelne Gruppe weniger oder sehr vieler Mitglieder hat versucht, ihre Überzeugungen, wie die Welt zu sein hat, dem Rest der Welt mit Gewalt aufzuzwingen.

Auch wenn die Resultate nach aggressiven Auseinandersetzungen nicht immer schlecht waren, sondern sehr oft auch im Namen des Fortschritts, der Weiterentwicklung oder gar der Menschlichkeit geführt wurden, so waren sie nichts anderes als ein Ausdruck der individuellen Willenskraft, der Rechthaberei und des Durchsetzungsvermögens. Sie stellten immer ein Gegeneinander dar statt ein Miteinander.

Veränderungen im Namen des WIR-Bewusstseins sind etwas ganz Neues. Sie sind der Menschheit nicht geläufig, weil es ein bewusstes WIR-Bewusstsein noch nicht gegeben hat oder nur bei einzelnen Menschen sichtbar wurde.

Dieser Faktor ändert sich nun langsam. Die große Masse der Menschheit ist es leid und hat es satt, Veränderungen nur mit Hilfe von kriegerischen Aggressionen durchzusetzen. Weil sich dann nicht wirklich etwas verändert.

Das WIR-Bewusstsein wirkt langsam, aber nachhaltig, und zwar nicht durch Überzeugungskraft aus dem einzelnen Willen heraus und nicht mit Druck und Zwang, sondern mit simpler Einsicht. Wer sich mit dem WIR-Bewusstsein auseinandersetzt und sich mit ihm durch die Übungen vertraut macht, erkennt plötzlich ganz neue Werte, Wege, Überzeugungen und Möglichkeiten. Auf einmal erscheint alles in einem anderen Licht. Wut, Enttäuschung, Frust, Hass, Widerstand, Ablehnung, usw. verlieren ihren Wert. Sie werden unwichtig. Stattdessen gestaltet sich eine einzigartige Einsicht, die ein neues Miteinander in den Vordergrund rückt.

Wir haben ja schon darüber gesprochen, was das WIR-Bewusstsein mit dem Einzelnen macht. Aber: Was macht es mit der ganzen Welt?

- Es rückt Lösungen für existierende Probleme auf der Erde ins Blickfeld, die global Sinn machen und einem übergeordneten Sinn folgen
- Es erschafft neue Wege, Ideen, Möglichkeiten der Neugestaltung der irdischen Strukturen, die zum großen Teil dem Wohl aller dienen und nicht mehr Einzelnen, die nach der Macht gieren.
- Es beeinflusst das Denken, Fühlen und Handeln, sodass viele Menschen wirklich zur Einsicht gelangen, dass es mehr Sinn macht und erfüllender ist, sich dem Großen Ganzen zu widmen statt nur den eigenen Bedürfnissen und Belangen.
- Es wird allmählich weitere Verbesserungen geben über die Einsicht und das Wissen, dass die Menschen Verantwortung für ihr eigenes Handeln übernehmen, auch im Individuellen, zum Beispiel, indem man selbst für Faktoren sorgt, die

den Klimawandel eindämmen (Verzicht auf ständiges Autofahren, Fernreisen, unnötige Flüge, usw.)

- Es werden einige Berufszweige wegfallen, die dann im Zug der besseren Verteilung der Ressourcen auf der Welt und der Nutzung neuer Technologien durch neue Berufe ersetzt werden.
- Es wird eine größere Umwälzung der Standards geben, was für viele erst einmal beängstigend sein kann, im Endeffekt aber gerechtere und bessere Bedingungen für alle Lebewesen schafft.

Und wie soll das funktionieren?

Es funktioniert, indem sich jeder einzelne Mensch bewusst macht, warum wir ein WIR-Bewusstsein für das Leben auf der Erde benötigen. Jeder erhält die Möglichkeit, sich mit dem WIR-Bewusstsein auf friedliche, individuelle Art und Weise vertraut zu machen und es im eigenen Inneren wirken zu lassen. Denn die primäre Veränderung findet im Menschen selbst statt, in seinem Denken und Fühlen und im Bewusstsein, das sich über den Geist äußert.

Aufgrund der Vernetzung der Menschen auf der Erde – durch die technische Entwicklung, aber auch die spirituelle Entwicklung – sowie aufgrund der besseren Wissensverbreitung und der stetig wachsenden Schwingungserhöhung auf der Erde, werden immer mehr Menschen auf das WIR-Bewusstsein aufmerksam werden. Der Mensch ist nun auch bereit für dieses Wissen und für seine Anwendung. Und für eine neue Vision für die Erde und das gesamte Universum.

Spirituelle Pioniere werden die ersten sein, die jetzt schon im WIR-Bewusstsein denken, fühlen und handeln können. Sie werden ihr Wissen weitergeben und anderen Hinweise geben. Dieses Buch, das Sie, liebe Leserin, lieber Leser, in Händen halten, wird ebenfalls dazu beitragen und gibt darüber hinaus eine genaue Anleitung, wie dieses Ziel erreicht werden kann.

Der Weg ist bereitet für friedvolle Veränderungen, die dem gesamten Planeten sowie dem Universum dienen und dem Einzelnen darüber hinaus Freude, Fülle und Erfüllung schenken.

Sollten die Anfänge auch noch mühsam und langsam sein, so steckt in der konkreten Anwendung und Ausübung des WIR-Bewusstseins ein riesiges Potenzial, das tatsächlich die ganze Welt verändern kann.

Freuen wir uns darauf, seien wir zuversichtlich und üben wir uns im WIR-Bewusstsein. Dann werden wirklich Wunder wahr!

Danksagung

Ich danke all jenen, die schon längst auf dem Weg sind, ihr ICH-Bewusstsein mit ihrem WIR-Bewusstsein zu verbinden. Ihr seid nicht allein! Die Menschheit erwacht allmählich und ist sich ihres wachsenden Bewusstseins und Potenzials bewusst.

Ihr alle seid wichtig für diese Welt! Ein jeder von euch trägt schon längst das Wissen und Können in sich, seinem Leben, und somit auch der ganzen Welt, Sinn zu verleihen und für den anderen da zu sein mit einem offenen, reinen Herzen und einem Neuen Bewusstsein des Miteinanders.

Ich danke all jenen, die erst durch dieses Buch einen Aha-Effekt erleben konnten oder sich an längst vergangenes Wissen über das ICH-Bewusstsein und das WIR-Bewusstsein erinnert haben.

Ihr alle seid wichtig für diese Welt! Denn in euch liegt so viel Potenzial verborgen, das jetzt die Chance hat, ins irdische Leben zu kommen und euch sowie die ganze Welt zu erfüllen.

Auch wenn ich nicht direkt bei euch allen sein kann, so bin ich mit dem Herzen und der Seele immer erreichbar. Wir treffen uns im WIR-Bewusstsein und erfüllen in Freude unsere Mission in diesem Leben. Wir folgen unserer Bestimmung und sind glücklich, Pioniere zu sein für das gesamte Universum, die ganze Schöpfung und für Alles-was-ist.

Ich danke und umarme euch in Liebe.

Eure Zora

Über die Autorin

Zora Gienger ist von Geburt an hochsensibel, empathisch und medial. Schon immer war und ist sie mit den lichten Reichen der Geistigen Welt verbunden, überwiegend über das Hellfühlen.

Viele Jahre und Jahrzehnte empfand sie ihre Gaben als Anstrengung, die sehr viel Kraft kosteten. Es dauerte sehr lange, bis sie überhaupt verstand, was mit ihr los war, vor allem dann, wenn sie fremden Schmerz am eigenen Leib verspürte und nicht wusste, woher diese Empfindungen stammten. Erst als sie herausfand, dass es keinen Sinn macht, sich abzugrenzen oder zu schützen, sondern nur das wirkliche und wahrhaftige Annehmen der Lebensaufgabe zu Stärke, Transformation und Heilung führt, erfuhr sie endlich Freude und Fülle mit ihren Gaben.

Zora Gienger nutzt ihre Gaben zudem als Autorin poetischer, medialer Bücher, die voller Liebe und Heilkraft wirken.

www.zora-gienger.de

Buchempfehlungen

Zora Gienger
Hochsensibel – Leben mit besonderen Gaben
192 Seiten, A5, broschiert
ISBN 978-3-95531-182-7

Dieses Buch ist für alle, die hochsensibel, empathisch und medial sind, ein wichtiger Leitfaden, um Ordnung in die Vielfalt menschlicher Wahrnehmungen zu bringen, sich selbst besser verstehen zu können und seine Gaben wahrhaftig zum Wohl der Schöpfung zum Einsatz zu bringen.
Wer hochsensibel ist, bringt ganz besondere Gaben in die Welt. Doch allzu oft empfinden hochsensible Menschen diese als Last und fühlen sich von ihren Wahrnehmungen überfordert.
Es ist ein Segen, endlich zu wissen, wie die eigenen Gaben bewusst für fließende Heilenergie sorgen können, wie neue Energiefelder erschaffen werden und wie man sich selbst mit Hilfe von Heilmassagen helfen kann, um sich wohl, glücklich und erfüllt zu fühlen.

Sonja Ariel von Staden
LichtKraft für LichtMenschen
144 Seiten, A5, broschiert
ISBN 978-3-95531-194-0

Die LichtKraft ist eine auf Erden gerade erst erwachte Energie, die in dieser Zeit des Übergangs in das Neue Zeitalter für uns Menschen aktiv erfahr- und nutzbar wird. Sie ist pure schöpferische Intelligenz, die darauf wartet, von uns eingeladen zu werden, um uns zusätzliche Tatkraft, Klarheit, Gesundheit und Einheit mit Allem-was-ist zu schenken
Diese Energie ist magisch, leuchtend und nährend. Sie zu nutzen verstärkt unsere lichtvollen Seiten und hilft uns, unsere Schatten zu transformieren. Sie reinigt und nährt die Zellen, damit sie in der Zeit des Wandels gesund und entwicklungsbereit sind.

Ein spiritueller und ganzheitlicher Ratgeber mit vielen Übungen und Erklärungen für eine neue Form der Gesundheit auf allen Ebenen.

Belgin Groha
Mit Engelsschwingen durch die Neue Zeit
136 Seiten, A5, broschiert
ISBN 978-3-95531-198-8

Wir alle sind in der Neuen Zeit angekommen und befinden uns seit 2020 in einem neuen zwölfjährigen Zyklus. Aber was bedeutet das jetzt für uns Menschen?
Du bist das Wunder!
Denn hier geht es um deine Hellsinne und darum, wie du diese Gaben, die in dir schlummern, jetzt aktivierst. Dazu werden wir auch Engel in unser Energiefeld einladen.
Die Autorin ist eine Engelbotschafterin der Liebe und verrät viele alltagstaugliche und einfache, aber ebenso mächtige Übungen, die sie von der Geistigen Welt für dich empfangen hat, damit du gut durch diese spannende und wunderschöne Zeit geführt bist und Heilung und Liebe erleben kannst. Bist du bereit?
Mit einem Vorwort von Silke Wagner.

Silke Wagner
Kehrtwende
Neues Wachstum trotz Finanzkrise
112 Seiten, A5, broschiert
ISBN 978-3-95531-199-5

In jeder Wirtschaftskrise gibt es Gewinner und Verlierer!
Völlig unabhängig, wo du jetzt im Moment finanziell stehst, bietet dieser Moment auch Raum zum Wachstum und für POSITIVE Veränderungen. Die Chance in der Krise sehen, sich neu ausrichten, sind essentielle Grundlagen für einen angstfreien Neubeginn. Klar ist, dass dies mit Arbeit verbunden ist. Die Hände einfach in den Schoß zu legen, hat noch nie funktioniert.
Die Autorin weiß, wovon sie spricht. Auch sie lag finanziell schon völlig am Boden und musste einen Neuanfang wagen, den ihr niemand zugetraut hatte. Heute lebt sie ihren beruflichen Traum, und das auch noch erfolgreich.

Ein Arbeitsbuch für Mutige, die Auswege und keine Ausreden suchen.